모래성의 종말과
찢어진 법복

지 만 원

그곳엔 인성이 없다
악이 절정에 이르면
스스로 붕괴한다

도서출판
시스템

목 차

프롤로그

양병 지휘관, 용병 지휘관

군 지휘관은 양병지휘관과 용병지휘관으로 양분돼 있습니다. 각군 참모총장은 양병지휘관이고, 합참의장은 용병지휘관입니다. 정호용은 공수부대를 먹이고 훈련시킨 양병지휘관이었고, 계엄사령관 이희성은 정호용이 양병한 10개 공수대대를 폭동 진압작전에 사용한 용병지휘관이었습니다. 5·18 진압작전은 이희성 계엄사령관-진종채 2군사령관-소준열 전투교육사령관-정웅 31향토사단장으로 이어지는 작전 지휘선상에서 이루어졌고, 공수부대 10개 대대를 직접 지휘한 사람은 광주 향토사단장인 정웅 소장이었습니다. 이희성 계엄사령관은 정호용이 양병한 수십 개의 공수대대 중 10개 대대만 차출하여 광주지역 작전을 관장하는 제31향토사단장인 정웅 소장에 작전지휘를 맡겼습니다. 10개 공수대대를 5·18 진압작전에 직접 활용한 용병지휘관은 제31사단장 정웅 소장이었습니다. 그래서 정호용은 광주 진압작전에 개입할 처지가 아니었고, 전두환 역시 아래와 같은 이유로 5·18 진압작전에 개입할 수가 없었습니다.

당시 전두환의 좌표

5·18 발생 직전, 전두환 전 대통령은 겨우 2성 장군으로 보안사령관이었고, 검찰총장까지도 지휘하는 합동수사 본부장이었으며 여기에 더해 중앙정보부까지 지휘하고 있었습니다. 당시 중정은 박정희 대통령을 시해한 죄인-집단으로 낙인찍혀 식물 조직으로 방치돼 있었습니다. 그래서 최규하 당시 대통령은 이 아까운 조직을 활성화시키기 위해 전두환을 부장서리에 임명하였습니다. 빨갱이 세력은 전두환이 보안사령관과 합동수사본부장과 중앙정보부장 자리를 혼자 지휘하고 있는 사실에 대해 겁을 먹고 당시의 시국을 [안개 정국]이라 표현하였습니다. 한마디로 전두환은 북한정보, 국내폭동정보, 간첩정보를 관장하고 경찰과

검찰을 지휘하는 수사 업무를 총괄 관장하는, 이 세상에서 가장 바쁜 공직자였습니다. 얼마나 바쁜 사람이었는가를 조금만 더 소개해 보겠습니다.

호랑이와 사자의 혈투

전방 사단장 임기는 통상 2년이지만, 전두환은 제1사단장을 14개월 수행한 시점에서 1979년 3월에 갑자기 보안사령관으로 발령받았습니다. 보안사령관이 된지 불과 7개월 만에 10.26 사태를 맞게 되었습니다. 10월 26일 밤, 전두환이 김재규를 전격 체포한 것은 신의 영역이었습니다. 그를 체포하지 않았다면 이후의 세상은 김재규와 정승화가 지배했을 것입니다. 당시 김재규와 육군참모총장 정승화는 한편이 되어 주위에 위압감과 공포감을 발산하면서 그들이 지배하는 세상을 열어가고 있었습니다. 이를 눈치챈 전두환 소장이 10월 26일 밤중에 김재규를 전격 체포하여 김재규-정승화의 내란 음모를 차단시켰습니다. 당시 김재규와 정승화가 거느리던 군벌의 위력은 대단했습니다. 이들과 암투를 벌이는 것은 죽음을 각오한 결기였습니다. 10.26으로부터 12.12까지 46일 동안 권력을 장악하려는 정승화와 그의 야욕을 가로막아선 전두환 사이에 무서운 암투가 벌어졌습니다. 그리고 결정적 시기라고 생각한 12월 12일에 하늘을 찌른다는 권세를 가진 정승화를 전격 체포하였습니다. 한남동 공관에서 총격전이 발생했고, 전방부대와 전차대대들이 서울로 출동하였습니다. 김재규-정승화가 이끄는 군벌과 젊은 장교들이 이끄는 부대 사이에 내전이 시작된 것입니다. 이것이 12.12였습니다.

김대중의 국가전복 음모

박 대통령이 시해당한 순간부터 권력은 진공상태였고, 국가는 주인 없는 무주공산이 되었습니다. 바로 이때를 틈타, 김대중이 선동시국을 주도하였습니다. 전국이 폭력 시위장이 되었습니다. 이 소용돌이의 배후자를 추적하는 일은 몰두와 집중력을 요하는 고난도 초긴장의 업무였고 사활을 건 격투였습니다. 주인 없는 사회에 흉악범들이 날뛰었습니다. 그래서 전두환은 삼청교육대를 고안하였습니다. 가장 막중한 업무는 김대중이 벌이는 전국규모의 난동을 추적-저지시키는 일이었습니다. 김대중은 4월 10일, 5월 1일, 5월 10일, 3회에 걸쳐 북악파크호텔에서 문익환, 예춘호, 이문영, 고은태(고은), 김종환, 한완상, 장기표, 심재권 등을 이끌고 내란정권을 세우기 위해 음모를 꾸몄습니다. 이 음모를 색출하고 처단하는 일은 조국을 지키는 전쟁이었습니다. 드디어 5월 10일, '내란음모'의 증거를 확보하였습니다. 김대중이 집권할 때를 대비한 '혁명내각'(shadow cabinet) 24명에 대한 명단을 이휘호의 핸드백에서 압수한 것입니다.

5.17 사건이 나라 살려

5월 15일의 서울역 10만 시위의 위력에 고무된 김대중은 그 다음날인 5월 16일, 감히 국가를 상대로 선전포고를 했습니다. 5월 22일을 기해 전국규모의 폭동을 감행하겠다고 선언한 것입니다. 이에 전두환은 5월 17일 자정에 김대중과 그 일당 24명을 전격 체포하였습니다. 전국폭동을 모의하는 전국 학생회장들을 추적하여 와해시켰습니다. 이렇게 하지 않았다면 5월 22일, 남쪽에서는 김대중이 전국폭동을 주도했을 것이고, 이와 때를 맞추어 휴전선에 배치된 김일성 군대는 곧바로 남침을 했을 것이며, 해주에 대기하던 10만 인민군이 광주로 상륙했을 것입니다. 미국이 손쓸 틈 없이 전광석화의 속도로 남한을 점령했을 것입니다. 이 내용은 이 책 제4장에서 다시 접하실 수 있습니다.

전두환은 1979년 10월 26일부터 1980년 5월 17일까지 거의 7개월 동안 내란음모자들과 날로 거세지는 학생시위 및 노동자 폭동 그리고 날로 흉폭해지는 흉악범들의 범행들로부터 정국을 안정시키기 위해 여념이 없었고, 국보위를 만들어 수많은 정책을 생산케 함으로써 시국을 수습하고 망가진 사회를 수선하는 일에 몰두하였습니다. 이런 그에게 무슨 여력이 있어서, 대통령과 국방장관 그리고 기라성같은 대선배들로 이어지는 작전지휘계통을 무시하고 광주에서 벌어지는 5.18작전을 서울에서 직접 관장할 수 있었겠습니까? 이런 주장을 하는 인간들은 사리판단력을 상실해버린 정신병자들입니다. 만일 전두환이 이런 행위를 했다면 전두환은 즉시 선배들의 노여움과 응징을 받아 군법회의에 회부되었을 것입니다.

5.17로 망해버린 김일성과 김대중

김일성은 전두환을 5·18 탄압의 원흉으로 지목한 후 남한의 빨갱이 세력에게 그를 악의 심볼로 선동-선전하라 지령하였습니다. 이에 따라 남한의 간첩들과 공산주의자들이 전두환 대통령을 살인마로 매도하였습니다. 빨갱이들은 레닌의 가르침을 금과옥조로 여깁니다. "거짓말도 100번 하면 참말이 된다." 전두환 대통령에 대한 저들의 모략과 음모는 지금의 윤석열 대통령을 내란자로 모는 사악한 방법과 동일하였습니다. 김일성이 2성 장군에 불과했던 전두환을 타킷으로 정한 이유는 오로지, 김대중과 함께 벌이려 했던 5월 22일의 전면남침의 기회를 전두환이 5·17을 통해 차단시켰기 때문이었습니다. 그래서 김일성에게 전두환은 눈엣가시가 되었습니다. 이후 김일성은 필리핀에서, 아프리카에서, 미얀마 아웅산에서 전두환을 암살하려 했고, 올림픽을 방해하기 위해 KAL858기를 공중 폭파했고, 금강산댐으로 수공전을 벌이려 했지만 늘 전두환으로부터 의표가 찔렸습니다.

김일성 심성, 전라도 심성

1981년의 대법원은 5·18을 김대중의 내란사건이라고 판결하였습니다. 그런데 1997년의 대법원은 5·18을 전두환의 내란사건으로 뒤바꿔 놓았습니다. 이후 전두환 대통령에 '살인마'라는 프레임을 씌워놓고 마구 모략하고 증오하도록 선동하였습니다. 5·18을 민주화운동인 것으로 더욱 빛나게 하려면 전두환을 인간 이하의 사악한 존재로 매도해야만 했습니다. 5·18과 전두환은 반비례 관계가 되었습니다. 온갖 문화 영상물과 활자가 전두환을 귀축같은 존재로 묘사하였습니다. 그것도 모자라 샌드백처럼 마구 구타하라며 아래와 같은 동상을 만들어놓고 전라도인들과 공산주의자들의 증오심을 발산케 하였습니다. 아래 영상들에는 전라도 사람들의 귀축같은 심성이 그대로 반영돼 있습니다. 동상이 파괴될 때마다 새로운 동상을 또 찍어냈습니다.

반면 김대중 동상은 특히 전라도에 많다고 합니다. 2003년, 광주에 매머드급의 김대중 컨벤션센터를 지었습니다. 2018년부터 광주를 아시아 문화 중심

도시로 만든다며 2015년 아문법(아시아문화궁전법)을 제정해 김대중 치적물을 담는데, 건설비 6조, 연간운영비 800억씩을 국가가 부담하고 있습니다. 심지어는 전두환이 건설한 [평화의 댐]에도 전두환의 이름은 모두 지워져 있고 김대중의 이름과 사진만 새겨져 있습니다.

김대중컨벤션센터

아문궁(아시아문화궁전)

김대중 노벨평화상 기념관

김대중 도서관

'평화의댐' 벽에 새긴 노벨평화상 수상자 초상들

평화의댐에 세워진 노벨평화상 수상자 조형물

김일성의 호위무사 광주법원

광주의 5월 단체들은 존재감조차 없는 구두닦이 출신의 광주인들을 내세워 기상천외한 모략내용을 만들어 가지고 전두환 대통령과 저를 향해 마구 소송질을 했습니다. 그때마다 광주법원이 나서서 요설적 문장으로 판결문을 썼습니다. 전두환 대통령 사건을 관할하는 법원은 법률상 서울법원입니다. 사건을 서울법원으로 이송해 달라고 요청했지만, 광주법원과 대법원은 한통속으로 광주법원에 관할권이 있다 하였습니다. 뒤에서 거론되겠지만 이는 위법입니다. 광주는 대한민국의 법을 지키지 않습니다. 광주법원이 법률을 위반하고, 대법원 판례를 무시해도 대법원은 광주법원의 판단에 하자가 전혀 없다는 판결서를 써왔습니다.

귀축같은 전라도 심성

전두환 대통령 다음으로 광주와 공산주의자들이 짓이겨야 할 목표가 저, 지만원이었습니다. 5·18에 북한이 개입했다는 표현을 했다는 이유로 2002년 10월 24일, 안양에 거주하던 저를 광주경찰관 및 수사관 4명이 주거지에 들이닥쳐 온 가족이 울부짖는 가운데 저를 짐승처럼 엎어놓고 수갑을 등 뒤로 채웠습니다. 뒷수갑은 불법으로 규정돼 있었지만 광주에는 법이 없었습니다. 통상 사람들은 뒷수갑의 고통을 10분 이상 견딜 수 없어 합니다.

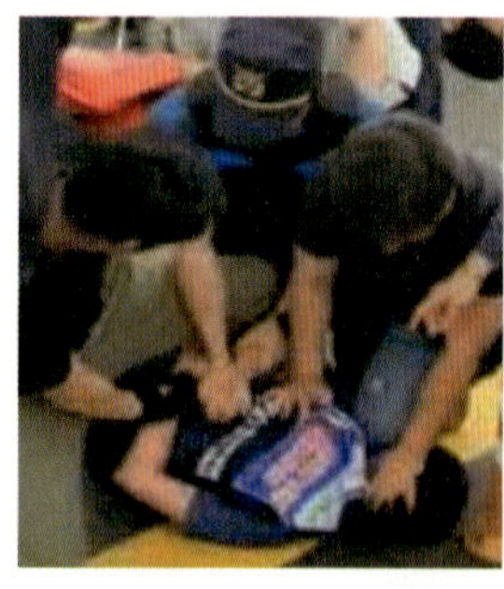

아들뻘되는 경찰관들은 광주로 이송하는 6시간 동안, 쉬지 않고 저의 머리와 빰을 때렸습니다. 생전 처음 들어보는 전라도식 욕설을 쉬지 않고 쏟아내면서 가다가 논

속에 머리를 거꾸로 박아 죽이겠다는 등의 말로 공포감을 주었습니다. 광주 검찰청 최성필 검사는 때릴 듯이 덤벼들며 "이 개새끼 뒷수갑 풀지 말고 밤새워 조사해" 고성을 질렀고, 옆방의 여검사가 와서 "이땅 게 무신 육사를 나온 박사랑가~" 조롱하였습니다. 광주는 사람 사는 동네가 아니었습니다. 3,500자의 의견광고문 속에 들어 있는 불과 35자의 '북한개입' 관련 문장 하나에 대해 이토록 가혹한 것에는 분명 숨기고 싶어 하는 비밀이 있어 보였습니다. 그래서 저는 10년이든 20년이든 5·18 진실을 꼭 학술적으로 밝혀야겠다고 생각했습니다.

10년이든 20년이든 5·18진실 밝히겠다 결심

출소하자마자 전두환 대통령 측 변호인단으로부터 전두환 내란 사건 수사기록 18만 쪽을 빌려다가 분석하여 2008년 4부작 [수사기록으로 본 12.12와 5·18]이라는 역사책을 냈습니다. 이런 노력, 지금 생각해보면 인간 능력의 한계를 넘는 것이었습니다.

〈수사기록 파일로 채워진 사무실 서가〉

그때로부터 지금까지 14권의 역사서를 출판하였습니다. 5·18에 대한 중요한 증거들은 한꺼번에 나오는 것이 아니라 세월이 가면서 조금씩 나왔습니다. 5월 단체들로부터 걸려오는 민사 및 형사 소송 때문에 저는 답변서 쓰는 인생이 되었습니다. 자다가도 벌떡 일어나 답변서를 보강하였습니다. 59세로부터 지금까지 26년 동안, 답변서 쓰고, 경찰청, 검찰청 그리고 법원에 출근하면서 '5·18인생'을 살았습니다. 재판 때에 맞추어 전라도인들이 버스를 타고 올라와 집단폭행을 가했습니다. 새파란 남녀 억척들이 방청하러 오신 노인들의 턱을 손가락으로 툭툭 쳐올리면서 "아그야, 돈 얼마 받고 여기 왔당가~" 욕설을 하였습니다. 우악한 광주여성들이 손톱을 세우면서 제 얼굴을 긁어 놓겠다 고성을 지르면서 집단으로 제게 돌진한 것이 여러 번 입니다. 광주의 남녀들은 심성 자체가 인간 심성이 아니었습니다. 5·18의 명예를 훼손했다는 이유로 또다시 감옥에 갔습니다. 2023년 1월부터 2년 동안 옥살이를 하고 만기 출소하였습니다. 지금까지 2억 4천만 원의 금원을 벌금으로 물었습니다. 또 다른 2억 원의 벌금이 기다리고 있습니다. 만 83세의 초고령자에게 2년 형의 감옥살이를 시키는 것은 감옥 안에서 억울해서 펄펄 뛰다가 병들어 죽으라는 뜻이었습니다. 한 개인에게 4억5천만 원의 벌금을 때리는 것 역시 억울해서 방방 뜨다가 속이 썩어 문드러지라는 야만적 폭력이었습니다.

전쟁 비용

제가 치른 2년의 감옥 생활과 4억여 원의 벌금은 저에게 5·18과의 전쟁에서 이기기 위한 [전쟁 비용]이었습니다. 진실이 알려지면 전라인 전체에 세기의 사기꾼이라는 주홍글씨가 부착됩니다. 진실을 알고 있으면서도 저를 감옥에 보낸 행위, 수도 없이 집단으로 폭행한 행위, 살인적 금액을 벌금으로 물린 행위는 전라인들의 가증한 심성을 증명하는 명백한 증거가 될 것입니다. 모래성이 와해되는 그날, 그들에 밀어닥칠 쓰나미에 비하면 제가 혼자 당하는 이 고통은 새 발의 피라 할 수 있을 것입니다.

궁지에 몰린 광주법관들

5·18과의 전쟁에서 저는 지금 승리를 눈앞에 두고 있습니다. 2025.10.31. 광주고등법원이 드디어 항복했습니다. 신사답게 깨끗이 항복한 것이 아니라 "북한 공작원은 광주에 와서 5·18관련 활동을 했지만 그 수는 10명 정도일 뿐, 수백 명이 될 수 없다"는 판결문을 썼습니다. "옷소매는 존재하지만 옷은 없다"는 실로 희극적이고 궁색한 판결입니다. 이제까지는 [북한 개입]이라는 표현만 해도 재판에 걸려들었는데, 이제는 [북한

개입이 없었다]는 표현이 허위사실이 됐습니다. 제게는 아직도 5개의 재판이 매달려 있습니다. 나머지 남은 5개의 재판에 대해서는 수세에서 공세로 전환할 것이며, 완전한 승리를 이끌어낼 수 있을 것이라는 예감이 듭니다.

아래 상고이유서만 보시면 광주 사람들이 얼마나 간악하고 광주법관들이 얼마나 교만-교활한 판결문을 쓰는 사람들인지, 짐작이 가실 것으로 믿습니다. 대법원은 광주법원의 예하 법원이었습니다. 최근 저는 악에 받쳐서 광주법원에 답변서를 돌직구 언어로 토해냈습니다. "광주법원은 왜 대법원 판례를 무시하느냐? 광주법원은 대한민국 법원이 아니냐? 광주법원은 피고의 주장을 어째서 판결서 '피고의 주장' 난에 옮겨서 심리하지 않고 야비하게 회피하느냐? 신사답지 못하다." 등등의 거친 언어를 퍼부었습니다. 드디어 2025.10.31. 광주고등법원은 "5·18광주에 북한 공작원 등 10명 정도는 왔을 것으로는 인정하지만 그 이상의 수는 아니다"라는 실로 자기비하적인 판결문을 쓰기에 이르렀습니다. 광주법원이 울며 겨자먹기로 [북한 개입]을 처음으로 인정한 것입니다.

저는 상고이유서에서 북한 공작원이 10명 정도만 온 것이 아니라 수백 명이 된다는 것을 미 CIA 문서와 현장 사진들을 통해 증명하였습니다. 숫자에 대한 판단 능력은 법관보다는 학자이자 군사전문가인 저에게 더 많다는 것도 입증해 보였습니다. 역사를 [해석]하는 것은 학자의 영역이지 법관의 영역이 아니라는 사실도 지적하였습니다. 법관들이 학자의 해석을 [자격 없는 해석]이라 정의한 후 스스로 [학자 위의 역사 해석자]로 변신한 사실 그리고 학자의 역사해석이 법관의 역사해석과 다르다 하여 범죄라고 판단했다는 사실도 지적하였습니다.

무식 무도한 광주 법관들과의 전쟁

5·18과의 전쟁은 무식한 판사들과의 전쟁이었습니다. 판결문들에 광주법관들이 저를 흔해빠진 '박사나부랭이' 중 한 사람인 것으로 함부로 취급하는 것 같아 석

사와 박사 학위증을 제출했고, 수학공식 일부를 제시했습니다. 그런데 공주고등법원 제1민사부(이의영 판사)는 Doctor of Philosophy(Ph.D.)를 [철학박사] 즉 철학을 연구한 박사로 번역하면서 무식한 티를 냈습니다. Philosophy를 철학으로 해석한 후 제가 철학분야에서 박사학위를 받은 사람인 것으로 인식하고, 5·18 역사연구는 철학박사를 딴 사람이 할 수 있는 연구가 아니라는 식으로 제 학위와 연구를 동시에 비하하였습니다. '피고는 미 해군대학원에서 철학박사 학위를 받은 이후 국방 및 사회분야에서 활동을 한 경력은 인정되지만, 그 학위가 철학박사이기 때문에 역사에 대한 연구에 적합치 않은 학문분야이고, 연구 내용에 철학적 이론이나 군사지식을 활용한 증거가 없고, 서적의 내용이 학술 수준에 미달하기 때문에 피고의 서적을 학술서적이라고 보기 어렵다'며 자극적인 언사를 동원하여 피고를 인신 모독하였습니다. 법관의 소양과 인격이 저자거리 수준입니다. 미 해군대학원은 전쟁에 수리공학을 활용하기 위해 세워진 학교로, 새로운 응용수학을 개발하기 위해 세계에서 가장 많은 예산을 쓰며, 미국 교수들 중에서 실제로 미 해군 연구프로젝트를 한번이라도 수행해 보지 않은 이공계 교수는 축에 끼지 못한다는 정서까지 확산돼 있습니다.

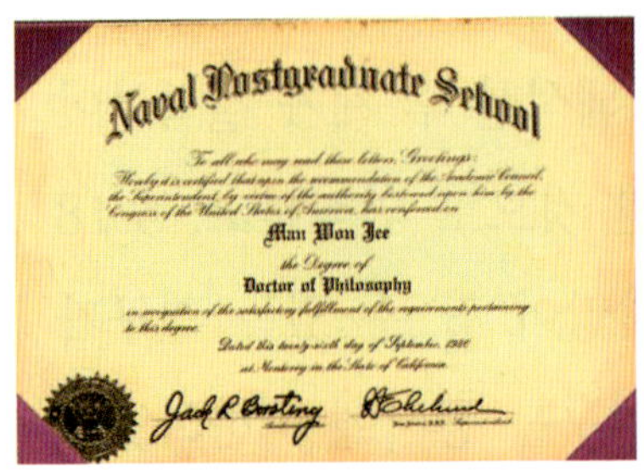

Naval Postgraduate School

Man Won Jee

the Degree of

Doctor of Philosophy

Naval Postgraduate School

Man-Won Jee

the Degree of

Master of Science in Management

시스템공학(응용수학) 박사학위증(1980)

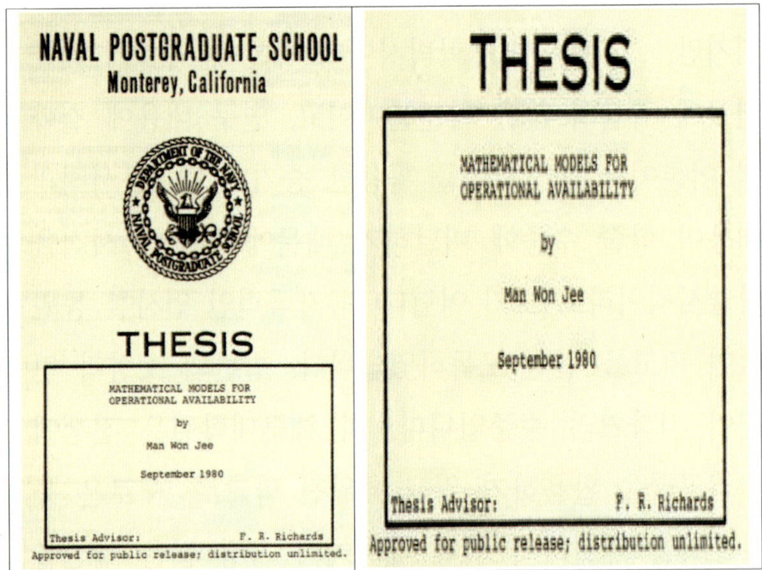

NAVAL POSTGRADUATE SCHOOL

Monterey, California

THESIS

MATHEMATICAL MODELS FOR OPERATIONAL AVAILABILITY

by

Man Won Jee

September 1980

Thesis Advisor: F. R. Richards

Approved for public release; distribution unlimited.

THESIS

MATHEMATICAL MODELS FOR OPERATIONAL AVAILABILITY

by

Man Won Jee

September 1980

Thesis Advisor: F. R. Richards

Approved for public release; distribution unlimited.

경영과학 석사학위증(1974)

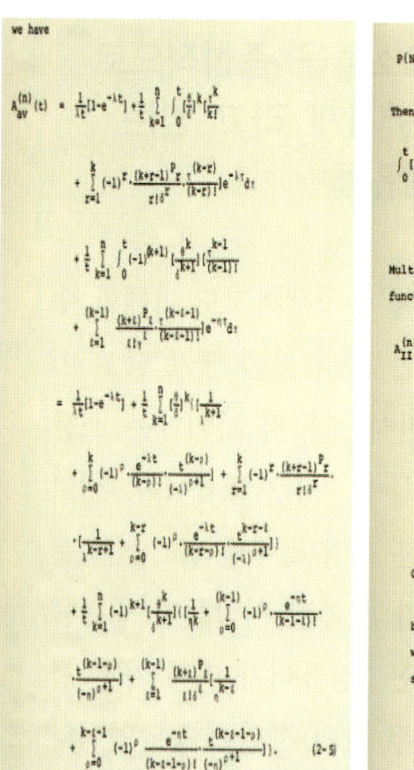

we have

$$A_{av}^{(n)}(t) = \frac{1}{\lambda t}[1-e^{-\lambda t}] + \frac{1}{t}\sum_{k=1}^{n}\int_0^t (\frac{\theta}{\delta})^k [\frac{\tau^k}{k!}$$

$$+ \sum_{r=1}^{k}(-1)^r \cdot \frac{{}_{(k+r-1)}P_r}{r!\,\delta^r}\cdot\frac{\tau^{(k-r)}}{(k-r)!}]e^{-\lambda\tau}d\tau$$

$$+\frac{1}{t}\sum_{k=1}^{n}\int_0^t (-1)^{(k+1)}[\frac{\theta^k}{\delta^{k+1}}][\frac{\tau^{k-1}}{(k-1)!}$$

$$+\sum_{\ell=1}^{(k-1)}\frac{{}_{(k+\ell)}P_\ell}{\ell!\,\gamma^\ell}\cdot\frac{\tau^{(k-\ell-1)}}{(k-\ell-1)!}]e^{-\eta\tau}d\tau$$

$$= \frac{1}{\lambda t}[1-e^{-\lambda t}] + \frac{1}{t}\sum_{k=1}^{n}(\frac{\theta}{\delta})^k\{[\frac{1}{\lambda^{k+1}}$$

$$+\sum_{\rho=0}^{k}(-1)^\rho\cdot\frac{e^{-\lambda t}}{(k-\rho)!}\cdot\frac{t^{(k-\rho)}}{(-\lambda)^{\rho+1}}] + \sum_{r=1}^{k}(-1)^r\cdot\frac{{}_{(k+r-1)}P_r}{r!\,\delta^r}\cdot$$

$$\cdot[\frac{1}{\lambda^{k-r+1}} + \sum_{\rho=0}^{k-r}(-1)^\rho\cdot\frac{e^{-\lambda t}}{(k-r-\rho)!}\cdot\frac{t^{k-r-\ell}}{(-\lambda)^{\rho+1}}]\}$$

$$+\frac{1}{t}\sum_{k=1}^{n}(-1)^{k+1}[\frac{\theta^k}{\delta^{k+1}}]\{[\frac{1}{\eta^k} + \sum_{\rho=0}^{(k-1)}(-1)^\rho\cdot\frac{e^{-\eta t}}{(k-1-\ell)!}\cdot$$

$$\cdot\frac{t^{(k-1-\rho)}}{(-\eta)^{\rho+1}}] + \sum_{\ell=1}^{(k-1)}\frac{{}_{(k+\ell)}P_\ell}{\ell!\,\delta^\ell}[\frac{1}{\eta^{k-\ell}}$$

$$+\sum_{\rho=0}^{k-\ell-1}(-1)^\rho\frac{e^{-\eta t}}{(k-\ell-1-\rho)!}\cdot\frac{t^{(k-\ell-1-\rho)}}{(-\eta)^{\rho+1}}]\}. \qquad (2\text{-}5)$$

$$P\{N_i(t) \le n\} = \int_0^t [\sum_{k=0}^{n} h_i^{(k)}(s)]\cdot P\{N_i(t-s)=0\}ds \qquad (5\text{-}15)$$

Then, from (5-10) and (5-15) we get

$$\int_0^t [\sum_{k=0}^{n} h_1^{(k)}(s)]\cdot P\{N_1(t-s)=0\}ds$$

$$\ge \int_0^t [\sum_{k=0}^{n} h_2^{(k)}(s)]\cdot P\{N_2(t-s)=0\}ds .$$

Multiplying both sides of this relationship by a non-negative function does not change the inequality, so we find that

$$A_{II}^{(n)}(t) = \int_0^t [\sum_{k=0}^{n} h_2^{(k)}(s)]\cdot P\{N_2(t-s)=0\}\cdot\gamma_{2\,up}(t,s)ds$$

$$\le \int_0^t [\sum_{k=0}^{n} h_1^{(k)}(s)]\cdot P\{N_1(t-s)=0\}\cdot\gamma_{2\,up}(t,s)ds$$

$$\le \int_0^t [\sum_{k=0}^{n} h_1^{(k)}(s)]\cdot P\{N_1(t-s)=0\}\cdot\gamma_{1\,up}(t,s)ds$$

$$= A_I^{(n)}(t) .$$

Q.E.D.

Corollary 5-5.

Let $A_{iD_p}^{(n,m)}(t)$ (i = 1, 4, 5, p = 1,2) be the availability at time t of a two-component system under scenario i when the system starts to operate from state D_p with (n,m) spares available at time 0. Then

$$A_5^{(n,m)}(t) \le A_1^{(n,m)}(t) \Longleftrightarrow A_{5D_p}^{(n,m)}(t) \le A_{1D_p}^{(n,m)} \text{, and}$$

$$A_1^{(n,m)}(t) \le A_4^{(n,m)}(t) \Longleftrightarrow A_{1D_p}^{(n,m)} \le A_{4D_p}^{(n,m)}(t),\ p = 1,2$$

수학공식 전개 과정

컴퓨터를 '수많은 요소들을 종합적으로 고려하여 판단하는 기계'라고 믿는 광주법관들

안면인식에 대한 설명도 누차 중학생까지도 이해할 수 있도록 설명했지만, 판사들은 머리 문을 굳게 닫고 이해하려 하지 않았습니다. 판사들과 저 사이에는 소통 자체가 불가했습니다. 판사들이 벽창호였습니다. 새로운 것을 소화할 수 있는 기본 소양도 부족하고, 새로운 것을 이해하려는 학습자세가 실종된 사람들이 법관들이었습니다. 심지어 법관들은 "컴퓨터가 여러 가지 사정을 종합적으로 고려하여 두 장의 사진이 동일인이냐의 여부를 판단하는 기계"라고 인식하고 있습니다. 이 세상에 여러 가지 요소를 종합적으로 고려해서 판단하는 컴퓨터는 없습니다.

더욱 가공스러운 것은 광주판사가 판사의 직분조차 모르고 있었습니다. 판사는 재판을 통해 학술서적의 진위를 가려내라고 존재하는 것이 아니라 그 학술서에 의도적인 범죄행위가 내포돼 있는가를 판단하기 위해 존재하는 직분입니다. 판사는 역사의 진실이 무엇인지 판단해내라고 존재하는 직분이 아니라 피고에게 '사실이라고 믿을 만한 상당한 근거가 있었는지'에 대해서만 판단하는 직분입니다. 그런데 광주판사들은 역사의 진실이 무엇인지를 스스로 결정하려 합니다. 이는 판사의 직무 범위를 초과하는 매우 교만한 월권행위입니다. 판사가 이만큼 무식한 것입니다.

민주당을 물리치자 하면서 민주당의 종교인 5·18을 숭배하는 우파들

국힘당이 있고, 우파진영에서 매명하는 인물들이 있습니다. 그런데 일반적으로 이들에게는 논리력이 많이 부족합니다. 이들은 민주당을 반국가집단이라 부르며 민주당과 체제전쟁을 벌이겠다 용을 씁니다. 독재 권력을 마구 휘두르고 있는 민주당을 타도하자 매일같이 분노합니다. 입으로는 이렇게 외치면서, 실제로는 민주당의 발판이고, 마패이고, 종교인 5·18을 숭배한다며 광주로 달려갑니다. 이들이 바로 민주당을 쑥쑥 자라게 키워주는 비료 역할을 하고 있는 것입니다.

5·18 물리치지 않으면 영원한 전라도 노예

5·18은 전라도가 여타의 국민들을 영원히 노예로 부릴 수 있는 권리증서입니다. 이 증서를 불태워 없애야 우파가 좌파를 이길 수 있고, 전라도의 노예 신분에서 벗어날 수 있습니다.

이 책이 모순에 갇혀있는 수많은 우파 국민들을 일깨우는 경보음이 되기를 간절히 바랍니다.

2025. 12. 지만원

제1장

확신을 갖게 하는 주요 증거들

제1장 확신을 갖게 하는 주요 증거들

5·18이 북한이 주도한 통일전쟁의 마중물 작전이었다는 사실을 입증하는 증거 몇 개만 뽑아 아래에 정리합니다. 가장 기본이 되는 증거는 [군 상황일지]입니다. [군 상황일지], 5·18의 성격을 판가름하는 기본이 되는 정보입니다. 똑같은 상황일지로부터 정보를 가공해내는 능력이 5공시대의 분석관들과 저 지만원 사이에 현저한 차이가 있었습니다. 만일 제가 5공시대의 분석관이었다면 전두환 대통령은 감옥에 가시지 않았을 것이며, 5.18도 민주화운동이 될 수 없었을 것입니다. 저를 내세우기 위해 드리는 말씀이 아니라 진실을 가장 쉽게 말씀드리기 위한 비유입니다.

5공시대 분석관들은 [군 상황일지]에서 북한군의 역할을 상상해내지 못했습니다. 그들은 상황일지를 매우 평범하게 분석했습니다. "광주 시민들이 '이동하는 20사단 차량부대'를 기습하여 사단장용 지프차를 포함해 14대의 지프차를 탈취했고, 600명이 아시아자동차공장에 가서 군용트럭 400대와 장갑차 4대를 탈취했다. 무기고를 수없이 많이 털어 5,403정의 총기를 탈취해서 계엄군을 향해 총질을 했다. 그리고 5회에 걸쳐 광주교도소를 공격했다. 지역감정을 유발하는 자극적인 유언비어로 인해 많은 군중이 시위에 참여했다." 지극히 평면적인 분석이었습니다. 이 분석으로부터는 감히 북한군 개입이라는 가정을 세울 수가 없었습니다.

1996-97년의 전두환 내란사건 재판 중에도 5공의 핵심 장군들이나 변호인들 모두가 [북한군]이라는 주제에 대해 감히 상상조차 하지 못했습니다. 5공의 인물들이 억울하게 옥살이를 하고, 모든 훈장을 박탈당해 연금조차 받지 못하는 억울한 취급을 받고 있으면서도 그들의 상당수가 북한군 개입을 아직도 사실로 믿으려 하지 않습니다. 그런데도 그들은 그들이 충돌의 직접적 당사자였기 때문에 5·18에 대해 가장 많이 알고 있다고 자부합니다. 이런 그들이 이웃에게 하는 말은 '지

만원이 너무 멀리 나갔다'는 말입니다. 5·18의 진실을 널리 알리려던 제게 이들은 상당한 걸림돌이 되었습니다. 이처럼 가장 무서운 것이 새로운 것을 알려하지 않고 스스로를 고정관념이라는 얼음 관 속에 가두고 있는 사람들의 옹고집입니다.

1. 지만원의 상황일지 요약

저는 군 상황일지를 아래와 같이 분석했습니다.

300명의 시위대가 20사단 차량부대의 이동계획을 입수하고, 하루 전에 '군분교'라는 매복지점에 중장비들을 동원하여 가두리장을 설치한 다음 5.21. 08시에 계획대로 광주톨게이트를 통과하는 20사단 차량부대를 습격하여 사단장 지프차를 포함한 14대의 지프차를 빼앗아 인근에 있는 군용차량 제조사인 아시아자동차공장으로 향했고, 09시에는 또 다른 300명이 5대의 버스를 타고 아시아자동차공장에 접근하여, 총 600명이 공장을 점령한 후 장갑차 4대와 군용트럭 400대를 탈취하자마자 곧바로 전남 17개 군에 위장돼있는 44개 무기고를 불과 4시간 만에 털어 5,403정의 총기와 8톤 분량의 TNT를 탈취해 가지고 전남도청에 2,100발의 폭탄을 조립해놓고, 그날 밤부터 광주교도소를 다섯 차례나 야간공격했다."

위 분석 내용을 2013년 1월에 채널A와 TV조선에 나가서 짧은 시간에 요약해 주었습니다. 그랬더니 제가 말하지 않았는데도 남녀 진행자 모두가 동시에 입을 모아 "그것은 북한 특수군 소행입니다. 절대로 광주시민이 할 수 있는 행위가 아닙니다" 이렇게 합창했습니다. 제가 상황일지를 분석하여 책으로 내놓은 시기는 5·18 발생 29년 되던 해였습니다.

2. 권영해의 증언

2024.7.경 권영해 전 안기부장-최명재 안기부1차장-대북공작원으로 구성된 3인의 안기부 팀이 일간지 스카이데일리에 2회에 걸쳐 증언한 내용이 있습니다.

"5·18은 북한이 통일차원에서 주도한 군사작전이었고, 그 과정에서 북한특수군 490명이 광주에서 사살됐다. 490명에 대한 명단이 생년월일, 출생지, 소속부대, 계급, 사망일(1980.9.16.) 항목으로 작성돼 있고, 시중에 명단이 발행돼 유통되고 있다."

3. 황장엽과 김덕홍의 증언

황장엽과 김덕홍의 증언도 권영해의 증언을 한층 더 강화시켜 줍니다. 이들은 1998년 7월 월간조선과의 인터뷰에서 다음과 같이 밝혔습니다. "5·18은 북한이 사주해놓고 그 책임을 남쪽에 전가했으며, 5·18사건이 종결된 후 북한의 대남공작부 소속 간부들이 일제히 훈장을 받았다."

4. 미국이 2020.5.11.에 비밀 해제하여 한국 정부에 이관한 미 CIA보고서도 권영해의 증언을 뒷받침해 줍니다.

1) 핵심 극렬분자와 추종자들 550명
(미 국무성 자료 위치 p : 288)

6. (S) KOREAN MILITARY PLANNING FOR HOW TO DEAL WITH THE RADICAL TURN OF EVENTS IN KWANGJU IS STILL UNDERWAY, AND WE HAVE URGED THE MOST CAREFUL AND RESTRAINED USE OF FORCE IN ORDER TO NIMIMIZE INNOCENT CASUALTIES. AN OMINOUS DANGER IN THE SITUATION IS POSED BY THE FACT THAT THE TWO THOUSAND PLUS WEAPONS COLLECTED PEACEFULLY EARLIER FROM DEMONSTRATORS BY THE KWANGJU CITIZENS COMMITTEE ARE STILL WITHIN THE CITY. IT HAS NOT BEEN POSSIBLE FOR THE COMMITTEE TO MOVE THE COLLECTED WEAPONS PAST THE BARRICADES MANNED BY THE RADICALS AND INTO THE HANDS OF THE MILITARY FORCES. THUS THE BULK OF THE RECOVERED WEAPONS ARE VULNERABLE TO BEING SEIZED BY THE RADICALS APPARENTLY SET UPON REVOLUTION. THE NUMBER OF RADICALS INVOLVED IS NOT CLEARLY KNOWN, BUT THERE ARE REPORTS OF ABOUT 50 HARD CORE PLUS ABOUT 500 WILLING FOLLOWERS.

"상당량의 회수된 무기들이 무력혁명을 주도하려는 극렬분자들 수중에 있다는 것이 취약점이며 폭동을 주도하는 극렬분자들의 수는 정확치는 않으나 보도에 의하면 50여명의 핵심 극렬분자와 500여명의 추종자들이 있는 것으로 알려짐."

2) 인민재판과 처형 (미 국무성 자료 위치 p : 287)

2. (C) THE SITUATION IN KWANGJU HAS TAKEN A RATHER GRIM TURN. THE MODERATE CITIZENS COMMITTEE HAS LOST CONTROL OF THE SITUATION AND THE RADICALS APPEAR TO BE IN CHARGE. PEOPLES COURTS HAVE BEEN SET UP AND SOME EXECUTIONS HAVE TAKEN PLACE. STUDENT DEMONSTRATORS HAVE BEEN LARGELY

"광주 상황은 암울한 쪽으로 기울어진 가운데 온건파 시민위원회는 시위의 통제권을 상실했고, 극렬분자들이 주도권을 잡은 것으로 보인다. 인민재판이 열리고 있으며 이미 몇 명이 처형된 것으로 알려졌다."

3) 불순분자와 공산당이 배후조종

(미 국무성 자료 위치 P:237)

5. COMMENT: YUN'S FACTION WAS GENERALLY CONSIDERED THAT OF THE MODERATES WITHIN THE CITY. HOWEVER, AN OFFICIAL APOLOGY WILL ALMOST CERTAINLY NOT BE FORTHCOMING. THE AUTHORITIES' APPROACH HAS BEEN TO CASTIGATE THOSE WHO DISRUPTED HARMONY AND ORDER IN KWANGJU. NORTH KOREAN INFILTRATORS, INCLUDING ONE WHO WAS CAPTURED AND WHOSE MISSION APPARENTLY WAS TO ENTER KWANGJU, HAVE RECEIVED MUCH PRESS PLAY; THE IMPLICATION HAS BEEN THAT "IMPURE ELEMENTS" AND COMMUNIST INSTIGATORS LAY BEHIND THE WHOLE AFFAIR. OFFICIAL SCAPEGOATS -- THE NATIONAL AND PRO-VINCIAL POLICE CHIEFS AND THE PROVINCIAL GOVERNOR -- ALL HAVE COME FROM THE HOME MINISTRY, WHICH HAD LITTLE IN-VOLVEMENT IN SPARKING THE KWANGJU DISTURBANCES -- NONE ARE FROM THE ARMY. THE AUTHORITIES HAVE MADE A NUMBER OF OFFICIAL EXPRESSIONS OF "REGRET" ("YUGAM"), ETC., BUT THAT SEEMS TO BE ABOUT AS FAR AS THEY ARE WILLING TO GO IN THE DIRECTION OF AN APOLOGY. GLEYSTEEN

"광주침투 임무를 띤 북한인 1명이 생포되었다. 이렇게 임무를 띄고 광주에 온 북한 침투자들이 매스컴의 엄청난 주목을 받았다. 그 의미는 불순분자들과 공산당 선동자들이 광주사태 전반을 배후조종하고 있었다

는 것이다." 〈글라이스틴〉

4) 계엄군은 광주의 생명을 보호하기 위해 출중한 지략과 인내심을 발휘하였음(미 국무성 자료 위치 p:234).

6. CREDIT FOR CASUALTIES' BEING NO HIGHER THAN THEY WERE IN KWANGJU IS GIVEN ENTIRELY TO THE TROOPS, WHO "RESTRAINED THEMSELVES FROM USING THEIR RIGHT OF SELF-DEFENSE." THEIR RESOURCEFULNESS IS PRAISED AS WELL: AWARE THAT RIOTERS HAD MINED THE PROVINCIAL GOVERNMENT BUILDING, "MARTIAL LAW

광주에서의 희생자 수가 예상보다 적었던 것은 전적으로 계엄군이 그들에게 주어져 있던 자위권을 발동하지 않고 끝까지 자제한 계엄군의 덕분이었다. 진압과정에서 계엄군이 발휘한 출중한 계략도 칭찬받아야 할 일이다. 계엄군은 생명의 위험을 무릅쓰고 도청 건물에 잠입하여 폭도들이 설치한 폭약의 신관을 제거함으로써 광주시를 재탈환할 때 발생할 수 있는 대참사를 미연에 방지시켰다. 이 점은 매우 칭찬을 받아야 할 부분이다. 끝으로 계엄사가 폭동 과정과 상황 종료 후에 검거된 폭도들 총 1,740명 중 1,010명을 훈방하여 관용을 베푼 것도 높이 평가할 대목이다.

5. 당시 미 국무장관 머스키의 전문도 권영해의 증언을 뒷받침합니다

뉴데일리

"과격분자들 무기 탈취… 인민재판 열어 시민 처형" 美 국무장관, 주한대사 보고서

2002년에 비밀이 해제되고 일반에 공개된 미국 정부 산하 해외정보분석기관인 National Foreign Assessment Center의 1980년 6월17일자 보고서를 필자가 인터넷에서 발견했다.

6. 북에서 널리 불리는 5·18노래, [무등산의 진달래]

북에서 '단장의 미아리고개'처럼 슬프게 부르는 노래

가 무등산의 진달래입니다. 동강난 조국땅을 하나로 잇기 위해 억세게 싸우다 무리죽음(떼죽음) 당했다는 노래입니다.

■ "광주라 무등산에 겨울을 이겨내고/연분홍 진달래가 곱게 피어나네/동강 난 조국 땅을 하나로 다시 잇자/억세게 싸우다가 무리죽음 당한 그들/사랑하는 부모형제 죽어서도 못 잊어/죽은 넋이 꽃이 되어 무등산에 피어나네"

'무등산 진달래' 1절 가사다. 북한에서는 518 이후 등교하는 학생들에게 이 노래를 확성기로 들려준다. '조선기록영화촬영소'가 1980년에 제작한 518기록영화 '군사파쇼도당을' 반대하는 광주민주항쟁'과 로동당출판사가 발행한 '광주의 분노', 그리고 조총련이 발행한 '찢어진 깃폭'이라는 세 개의 매체에 475명의 전사가 광주에서 떼죽음을 당했다는 기록이 나온다. 이 노래는 그 475명의 영혼이 사랑하는 부모·형제를 떠나 무등산 진달래로 붉게 피었다는 구슬픈 찬미가로 탈북자 박승원 상장이 제작했다고 알려져 있다.

7. 북한이 기록영화와 3개 문서에서 끈질기게 주장하는 475명의 떼죽음

1) 북한 조국통일사가 1982년 [주체의 기치따라 나아가는 남조선 인민들의 투쟁] 591쪽 글입니다. "도청 지하실에 475구의 시체가 쌓인 사실만 놓고 보아도 놈들의 살육만행이 얼마나 참혹했는가를 어렵지 않게 짐작할 것이다."

2) 북한 노동당 출판사가 1985년에 발행한 [광주의 분노] 86쪽 글입니다. "공정대 놈들이 도청 지하실에

감추어 놓았던 475구의 봉기군 시체를 꺼내다 도청 분수대 앞에 안치해놓았다."

3) 1980년에 북한 [조선기록영화촬영소]가 제작한 5·18기록영화 [군사파쇼도당을 반대하는 광주시민 항쟁] 42분 순간에서부터 나오는 대사가 있습니다. "피로 물든 광주는 참혹한 인간도살장이 됐고, 피의 목욕탕으로 변했다. 하루에 475명이나 도청 지하실에 끌어다 죽였다."

4) 유명한 [찢어진 깃폭 - 어느 한 목격자의 진술]에 기재된 내용이 있습니다. "지하실에 내려가 475구의 시체를 보니 알아볼 수 없을 정도로 얼굴이 불에 탄 것도 있어 시민들은 분노에 치를 떨었다."

위 4가지 자료에는 공히 475명이 광주에서 떼죽음을 당해 분노한다는 표현이 있습니다. 무등산의 진달래 가사와 일치합니다. 광주에서 사망한 사람은 당시 통계로 164명뿐이었고, 이중 12명은 광주시민이 아니었습니다. 광주 사람 사망자는 당시 통계로 겨우 152명입니다. 475명이라면 광주인 총사망자의 3배가 넘는 숫자입니다. 475명은 북한이 스스로 암호처럼 하는 말이었고, 490명은 국가최고의 정보기관 수장이었던 권영해가 밝힌 숫자입니다. 490-475는 15명의 차이가 납니다. 이 15명은 광주에서 중상을 입은 상태로 북으로 가서 한 사람씩 죽었을 것이고, 475명은 광주에서 확실하게 죽었을 것입니다.

8. 북한에서는 5월 중순이 되면 북한 전역 28개 도시 단위에서 매년 5·18행사를 성대하게 거행합니다. 남한에서는 광주에서만 합니다. 5·18은 북한의 역사인 것입니다.

✦ AI 개요

북한은 매년 5월 18일을 전후하여 5.18 민주화운동(북한 명칭: 광주인민봉기 또는 광주민중항쟁)을 기념하는 행사를 개최하며, 이 행사는 **평양을 비롯한 북한 전역의 주요 도시 단위에서 대규모로 진행**되는 것으로 알려져 있습니다.

9. [항쟁본부] 사령관 등 5·18 최상위 유공자들 증언 :

"우리는 5.21. 괴한들이 무기고 털고 군사작전 할 때

도망 다녔다. 도청을 지키는 위엄 있어 보이는 높은 관료들이 사라진 다음 5.24.부터 한 사람씩 도청에 들어갔다가 5.27.에 진압당했다. 그 이전까지 우리는 서로 모르는 사람들이었다."

광주에는 광주인들이 만든 조직이 없었던 반면, 도청을 장악한 사람들에는 조직이 있는 데다 카리스마의 아우라가 뿜뿜 솟았다는 뜻입니다. 현장 사진들에는 조직화된 무장 전투팀들이 많이 보입니다. 수많은 전투팀에는 모두 지휘자들이 있고, 그들에서는 카리스마가 넘칩니다. 그런데 실제 광주에는 "내가 어느 팀의 지휘자였다"며 나타나는 사람이 단 한 명도 없습니다. 이들 카리스마의 아우라를 풍기는 전투 프로들과 그 지휘자들은 도깨비이거나 북한 특수군이거나 둘 중 하나입니다. 이들 증언대로라면 이들은 절대 광주 사람이 아닙니다.

① 광주 사람이 아니라는 것은 5·18 항쟁본부 사령관 및 그 참모들이 증언했고
② 현장 사진들이 증명했습니다.

광주 민주화 운동 자료총서 17권 65쪽에는 5·18 주역이자 평민당 국회의원이었던 정상용의 회고가 들어있습니다. "5·18의 기동타격대 구성원은 그 80%가 17살에서 22살 사이의 청년이었고, 대부분이 학생이 아닌 도시근로자, 노동자, 점원, 실직자, 구두닦이, 품팔이, 식당종업원 등 소외받고 억눌려왔던 기층민중이며 이들이 가장 적극적으로 싸웠다." 이 증언은 1982년 3월 15일 육군본부가 발행한 '계엄사(戒嚴史)'의 분석과 일치합니다. 계엄사 134쪽에는 "극렬시위의 전위대들이 불량배, 구두닦이, 넝마주이, 공장근로자, 전과자, 무직자들로 구성되어 있다"고 쓰였습니다. 이와 같은 20세 전후의 양아치들이 광주 현장 사진들에 나타나 있는 무장 주역들의 모습을 연기할 수는 없습니다.

정상용의 증언은 2002년 전남대 출판부가 발행한 [5·18 항쟁자료집]에서도 이어집니다. "21일 누군가가 도청을 탈환했다. 이걸 장악한 사람들이 있을 거 아닌가? 도청을 장악한 사람들은 따로 있고, 우리는 사태를 수습하려고 도청으로 간 거다. 도청을 장악한 사람들은 위엄 있는 높은 관료 정도로 보이는 사람들인데 그들이 우리에게 '곧 계엄군이 들어올 것이니 학생들은 나가라'고 말했다. 23일에 보았던 위엄 있는 '국장급 공무원들'이 24일부터는 보이지 않았다."

같은 책(5·18항쟁자료집)에서 박남선(상황실장, 사형선고)은 이런 증언을 했습니다. "무기를 탈취한 사람들은 광주가 보낸 사람들이 아니라 그들 스스로 간 사람들이다." 무기고는 광주인들이 턴 것이 아니라는 뜻입니다.

[5·18항쟁자료집]에는 내무위원장 허규정의 증언도 있습니다. "일부 시민들이 도청에 들어갔다는 말이 들렸다. 나도 다시 도청에 갔다. 갔더니 시국수습대책위원회가 구성돼 있었다. 높아 보이는 사람들은 안 보였다. 23일에 보았던 위엄 있는 '국장급 공무원들'이 24일부터는 보이지 않았다. 남은 사람들은 오직 종교지도자들, 교수들 그리고 젊은 사람들뿐이었다. 이들은 모두 사태를 여기서 끝내고 시국을 수습하자고 했다. 나도 멋모르고 참여해 이리저리 휩쓸리다가 내무위원장이 된 거다."

요약하면 2002.에 전남대 출판부가 발행한 [5·18 항쟁증언자료집]에서 [항쟁본부] 주역들 모두가 무력충돌 기간인 5월18일부터 23일까지 각자도생하며 숨어다니다가 5월 24일에야 비로소 한 사람씩 도청에 들어가 초면으로 만난 사람들이라는 것입니다. 현장 사진에 나타나 있는 무장 전투조들은 광주 사람이 아니었다는 뜻입니다.

초대 학생수습위원장 온건한 성향의 김창길(전남대)의 증언입니다. "윤상원, 정상용, 박효선, 윤강옥은 24일 오후에야 도청에 들어왔다. 강경파가 이끄는 **항쟁지도부는 26일 아침부터 가동됐다.** 김종배가 항쟁지도부 항쟁위원장이 된 것이다. 나는 25일 저녁에 자리를 내놓았다."

5월 26일에 처음으로 구성된 항쟁본부, 대학생 김종배가 사령관이었습니다. 그의 증언이 있습니다. "5월 25일, 윤상원, 정상용, 김종배 이렇게 셋이서 투쟁위원회를 짰다. 예비군까지 동원하려 했지만 동원은 못했다.

기동타격대를 구성했는데 대장은 윤석루(19세, 무기징역 선고)가 맡았다. 사실 윤석루는 그때 뭘 모르는 어린아이였다. 21일 발포 이후인 저녁에 총이 나왔다. 그런데 그 다음날 수습대책위원회가 설치되어 무기반납을 추진했다. 나는 도청 분수대에 뛰어올라 마이크를 뺏어가지고 '사람이 많이 죽었는데 무슨 수습이고 무슨 무기반납이냐' 소리쳤다. 26일, 우리는 참 외로웠다. 계엄군은 들어온다 하지, 사람들은 계속 빠지고 있지, 이런 상태에서 계엄군과 싸운다는 건 자살행위였다. 나중에 보니 17명이 사망했더라. 박남선(투쟁위원회의 상황실장, 영화 [화려한 휴가]의 안성기 역)은 평시에 알던 사람이 아니라 도청에서 처음 만났다. 도청에서 최후까지 싸운 사람들은 거의 다 모르는 얼굴들이었다.

외무위원장 정상용의 이어진 증언입니다. "항쟁지도부라는 것은 낯모르는 사람들 끌어모아 임시방편으로 만든 임시조직이었다. 윤상원, 나, 이강현, 윤강옥 이렇게 넷이서 주로 대책을 의논했다. 25일 이후에 도청에 모인 사람들은 겨우 70-80명 수준이었다. **그나마 얼굴 모르는 사람들이었다**. 온건파인 김창길 등을 몰아내는 데 결정적인 역할을 한 사람은 박남선이었다. 그가 권총을 쏘며 무섭게 해서 몰아냈다. 19일에 나는 녹두서점에 있었다. 거기서 윤상원을 만나 대책을 의논하다가 21일 총격전이 벌어지자 흩어졌다. **김종배(총사령관)와 허규정(내무위원장)은 도청에서 처음 만났다. 이 두 사람은 조선대 학생이었고, 운동권이 아니었다. 전혀 모르는 사람인데 거기에서 생전 처음 만난 거다**."

재미 역사학자 김대령 박사가 쓴 '역사로서의 5·18' 제3권 (329-332)에는 김효섭의 증언이 있습니다. "상원이 형은 그게 자기가 생각해도 잘 안 되겠던지, 이번에는 무기를 개발하자고 했다. 깨진 보도블록을 가지고는 어림도 없으니, 철공소들에 다니면서 쇳토막 하고 나사를 많이 가져오라 했다. 21일 새벽부터 계림동 대인동을 다니면서 나사와 철근토막들을 구해 녹두서점으로 왔다. 그걸 가지고 나가 땡겨보았는데 날카로워 손에 피가 났다. 이거 안 되겠다 생각하고 있는 순간 어디선가 모르게 총이 쏟아져 나와버렸다. 수집한 쇳토막들은 소용없게 되었다."

[5·18 항쟁본부]를 구성하였다는 이유로 5·18 최상위 유공자가 되어 정치적 경제적 이익을 누리며, 위세를 떨어온 사람들의 위 증언이 한동안 [북한군 개입]을 의심하던 수많은 국민에게 "바로 이거다" 하고 무릎을 치게 했던 결정적 일침의 역할, 마침표 역할을 하였습니다. 이 내용이 제가 쓴 [5·18 분석 최종보고서]에 실려 있고, 그래서 그 책을 읽은 분들이 많은 호응을 해 주셨습니다.

결론적으로 5·18 최상위 유공자 대우를 받고 있는 사람들은 운동권도 아니고, 23일에 한 사람씩 도청에 갔다가 카리스마 넘치고 위엄 있어 보이는 높은 관료들이 출입을 못하게 해서 주눅들어 가지고 발길을 돌렸는데, 5월 24일 오후부터 각자 초면인 상태로 도청에서 만나 갑론을박하며 다투기만 하다가 5.27.에 점령당한 20대들이었습니다. 이것이 5·18 최고 반열에 있는 5·18유공자들의 초라한 초상입니다. 이들이 말하는

“도청 앞을 지키는 위엄 있어 보이는 관료들”은 북한 사람인 것입니다. 시위에 불타던 광주에 광주인들이 만든 조직이 전혀 없었다는 이야기입니다. 그냥 몰려다니는 부나비들이었습니다.

전남 운동권의 전설이라는 윤한봉은 5.17계엄령 발동 이전에 숨어다니다가 밀항하여 미국으로 도망갔고, 김대중으로부터 김상현을 통해 500만 원을 받았다는 정동년은 5월 17일 자택에서 체포되었고, 광주 운동권에서 가장 신망 높았던 전남대 총학생회장 박관현은 시위 기간 내내 도망가 있었고, 5월 27일 사망한 윤상원은 5월 22일까지도 이리저리 숨어다녔습니다. 5·18유공자들 중 최고 반열에 정좌한 사람들의 증언을 읽어보면 5월 18일부터 21일 계엄군을 도청에서 몰아낼 때까지의 전투 지휘자는 광주에 없었습니다.

이상의 모든 증언들에는 5월 21일에 벌였던 신출귀몰하는 군사작전을 광주인들이 주도하지 않았다는 사실이 역력히 증명돼 있습니다. 이동하는 20사단 차량부대를 공격한 것도 광주인이 한 것이 아니고, 아시아 군납업체에서 군용트럭 400대와 장갑차 4대를 탈취한 것도 광주인이 한 일이 아니며, 4시간 만에 17개 시군에 감쪽같이 위장돼있는 44개 무기고를 탈취한 것도 광주인이 아니고, 교도소를 5회에 걸쳐 야간공격한 것도 광주인이 아니고, 도청 지하실에 2,100발의 TNT 폭탄을 조립해놓은 사람들도 광주인이 아니라는 뜻입니다. 결론적으로 쨉도 안 되는 광주인들이 감히 맥가이버 수준의 북한군이 벌인 화려한 무공 실력을 자기들의 무용담으로 포장하여 국민과 국가와 세계를 속이는 대범한 사기극을 벌여온 것입니다. 이 부분이 바로 모든 국민들이 분노해야 하는 대목인 것입니다.

여기에서 국민은 하나의 의문이 생길 것입니다. 어떻게 쨉도 아닌 당시의 20세 전후의 광주인들이 5·18 최고의 지위에 올라 국회의원도 되고, 1991년 화폐로 많게는 3억 1,700만 원을 일시금으로 받고, 매월 많게는 420만 원, 적게는 50만 원씩의 연금을 받는 호화로운 혜택을 누리고 있는 엄청난 지위에 올라 있는가에 대한 의문일 것입니다. 2008년 9월, 저는 5·18 관련 4부작 [수사기록으로 본 12.12와 5·18]을 낸 다음 이학봉 전 국회의원을 초면으로 만났습니다. 그는 1980년 당시 보안사 합동수사본부 수사단장이었고, 당시 합수부장 전두환 육군 소장과 한 세트로, 10.26과 12.12 사건을 주도했던 중심적 인물이었습니다. 그가 그날 제게 들려준 말이 위 궁금증에 대한 해답이 될 것입니다.

"광주 폭동은 국내는 물론 국제사회까지 뒤흔들었던 엄청난 사건 아니었느냐, 광주 계엄 당국이 사건을 마무리 짓기 전에 나더러 와 보라고 하더라. 내려가면 세계의 지축을 뒤흔들었던 실력을 가진 어마어마한 놈들이 잡혀 있겠거니, 잔뜩 기대를 걸고 갔다. 그런데 이게 웬일이냐, 눈에도 차지 않는 양아치 피라미들만 잔뜩 잡아놨더라. 어안이 벙벙하더라. 20사단을 습격하고 무기고를 털고 총질을 해대면서 도깨비처럼 날아다녔던 홍길동 같은 놈들은 다 어디로 사라지고, 쨉도 안되는 피라미들만 잡아놓았다는 것이 도대체 이해되지 않더라. 국민들은 홍길동급 사형수들이 무더기로 쏟아져 나올 것으로 기대하고 있는데, 참으로 난처하더라.

"국민 여러분, 홍길동들은 다 사라지고 양아치들만 잡혔습니다." 이렇게 정리할 수는 없더라. 수사관들의 고민이 컸다. 그림에 맞게 하려면 피라미들에라도 중죄를 때릴 수밖에 없다고 하더라."

북괴군이 저지르고 사라진 어마어마한 군사작전에 대한 죄를 피라미들에게 얹을 수밖에 없었다는 것이었습니다. 이렇게 억지로 만들어낸 사형수와 무기수들의 다수가 19세의 양화공 윤석루, 24세의 트럭 운전수 박남선 같은 양아치들이었고, 그 일부에 대학생 두 명이 끼어 있었습니다. 그들은 그 후 길어야 2-3년 후에 모두 석방됐습니다. 이 군색한 계엄 당국의 처리로 인해 일반 국민들은 이 피라미들이 정말로 폭동의 영웅들인 줄로 알고 있는 것입니다.

당시의 사회를 지배하던 이학봉과 전두환 역시 그 어마어마한 군사행동이 북괴군의 소행일 것이라고는 상상조차 하지 못했던 것입니다. 제가 이학봉 전 의원한테 질문을 했습니다. "수사기록을 정리하다 보니 광주의 폭동은 시위의 차원이 아니라 군사작전이었습니다. 지구 전체의 지축을 울렸던 그 행위자들은 북괴군일 수밖에 없던데요." 이에 그는 고개를 크게 저었습니다. "그런 말 하면 기껏 애써서 쓴 4부작 책이 날아가고 또라이 소리 듣는다. 그런 말 하지 않으면 좋겠다."

당시 계엄 당국은 늘 꺼진 불도 다시 보자며 "북괴의 개입"을 소리높여 경계했습니다. 그러나 막상 그들 중에는 5·18 자체를 북괴군이 주도했을 것이라는 상상을 한 사람이 단 한 사람도 없었던 것입니다. 지금도 수많은 여야 국회의원들, 지식인들, 언론인들이 입을 모읍니다. "1980년 당시 그 엄청난 권력과 막강한 정보력을 가지고도 북한군 개입 사실을 찾아내지 못했는데 수십 년이 지난 지금, 한 개인이 북한군 개입을 주장하는 것은 어불성설이다." 바로 이런 정서가 저를 어렵게 해온 것이었습니다.

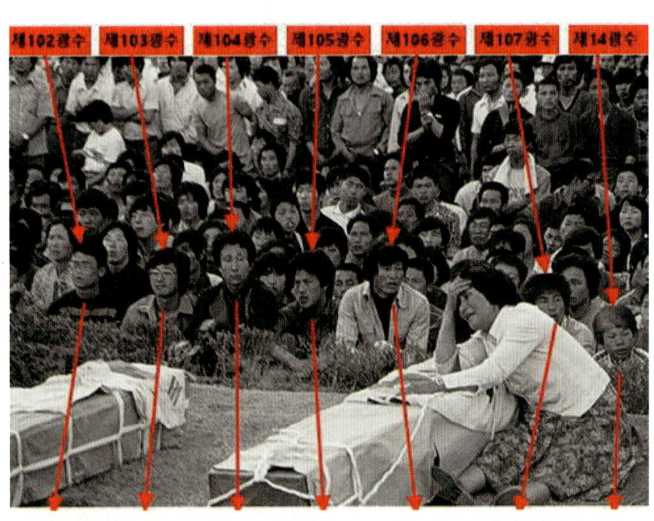
제102광수
제103광수
제104광수
제105광수
제106광수
제107광수
제14광수

제79광수
제80광수
제81광수
제83광수
남북군사실무회담 북측 대표인 리선권 대좌(앞 오른쪽·대령급)와 대표단이 8일 오전 남측 대표단
박현제 소령(앞 왼쪽)의 안내를 받으며 회담 장소인 판문점 남측 지역 '평화의 집'으로 이동하고 있다.
판문점/국방부 제공 제39차 남북군사실무회담(2011.02.08~09,판문점 남측-평화의 집)

제2장

상고이유서

제3장 상고이유서

사건 2025다218551 손해배상(기)
원고(피상고인) 재단법인 5·18기념재단 외11명
피고(상고인) 지만원

이 사건에 대하여 피고는 다음과 같이 상고이유서를 제출합니다.

원심 판결의 요지

1. 5·18단체들이 [북한개입] 표현의 피해자가 될 수 없다는 피고의 주장에 대한 원심 판결 요지.

1) 원고단체들은 '5·18민주화운동의 위대한 민주정신

과 숭고한 대동정신을 기념하고 계승 선양하는 것을 설립목적으로 정하고 있으므로, 5·18민주화운동에 관한 어떠한 [사실]을 적시하는 경우, 그 자체로 원고단체들의 사회적 명성 및 신용에 직접적인 영향을 주며, 그 표현에 원고단체들이 직접적으로 언급되지 않았다 해도 이는 원고단체들에 명예훼손이 된다. <u>피고는 사실과 의견을 적시하는 방법으로 원고들의 명예를 훼손하였다</u>.

2) 피고는 4개의 대법원 판례를 들어 단체 원고들이 피해자가 될 수 없다고 주장한다. 피고가 제기한 4개의 판례는 ① 대법원 2000.10.10.선거 99도5407판결 ② 대법원 2003.9.2. 선고 2002다63558 판결 ③ 대법원 2010.4.15. 선고 2009다97840 ④ 대법원 2012. 12.27. 선고20121도10670 판결이다. 하지만 위 판례들은 이 사건에 원용될 수 없다.

2. 피고는 ① 사실의 적시와 ② 그 사실들에 대한 주관적인 의견을 표하는 방법으로, 5·18의 민주화운동

을 부정하였다. 민주화운동을 부정하는 것은 허위에 해당한다.

3. 권영해의 주장은 구체성이 결여되어 있어서 인정하지 않는다. 더구나 권영해는 장갑차를 운전할 수 있는 사람은 북한군뿐이라고 주장했지만, 장갑차는 군인이 아니어도 운전만 할 줄 알면 누구나 다 운전할 수 있는 것이기 때문에 권영해의 증언은 신빙성이 없다.

4. 단, 김경재의 주장은 받아들일 수 있다. 김경재는 5·18조사위원회와의 전화조사에서 "북한의 열사릉 한 쪽 코너에 있는 10여기 묘비에 광주 어쩌고 써있는 것을 보았는데, 당시 보았던 묘비의 숫자가 적어 북한군이 광주에 침투했다는 증거로는 보기는 어렵고, 5·18에 관계된 고정간첩의 묘로 보인다"는 취지로 진술한 점을 고려하면, 위 인터뷰 내용을 근거로 "5·18민주화운동 당시 북한의 소규모 공작원 또는 고정간첩이 활동하였을 가능성이 있다고 볼 수는 있으나, 피고가 주장하는 규모와 같은 북한특수부대가 개입하였다고는

인정하기 어려워 보인다."

5. 피고는 황장엽의 증언을 북한 개입의 근거 중 하나로 제시하지만 북한이 사건을 배후 지도했다는 뜻에 불과하고, 실제로 북한이 5·18민주화운동을 조직한 증거가 없기 때문에 황장엽의 증언은 의미가 없다.

6. 노숙자담요는 컴퓨터로 광주 현장의 얼굴들이 북한 인물과 동일하다는 것을 증명하기 위해 개발된 안면인식 프로그램이 사람의 얼굴에 그린 기하학적 도면(패턴)을 핵심 인식수단으로 하였다고 주장하지만, 이는 어디까지나 광수얼굴에 그려진 패턴과 북한 얼굴에 그려진 패턴이 유사한 모양을 가지고 있다는 것일 뿐, 이 방법이 동일인을 인식하는 수단이라는 데 대해 제시한 과학적 근거가 없다. 조선일보 만물상에 등장하는 '위드로 윌슨 블레드소'의 안면인식 방법이 노숙자담요의 방법과 동일한 것이라는 근거가 전혀 없다. 피고가 남북한 사진을 나란히 병렬로 정렬해 놓고, 얼굴의 일부분들이 유사해 보이는 점을 근거로 광주 얼굴과 북한

얼굴이 동일인이라고 주장할 뿐이다. 과학적인 분석을 거친 것이라고 인정할 수 없다.

7. 우리나라 안면인식 기술의 최고기관인 국과수는 광주 사진의 화질이 낮고 촬영조건이 상이하여 1980년 촬영된 현장 사진은 동일인 여부를 판단하는 데 사용할 수 없다고 감정했다. 2016년의 국과수 감정에 의하면 노숙자담요의 광수 주장은 화질, 촬영 각도, 조도, 피사체의 동작과 표정 및 크기들을 종합적으로 고려하지 않는 비전문적인 결과일 뿐이다.

8. 피고는 미 해군대학원에서 [철학박사](Ph.D. Doctor of Philosophy) 학위를 받은 이후 국방 및 사회분야에 활동을 한 경력은 인정되지만, 그 학위가 철학박사이기 때문에 역사에 대한 연구에 적합지 않는 학문이고, 그 내용에 학문이나 군사지식을 활용한 증거가 없고, 서적의 내용이 학술 수준에 미달하기 때문에 피고의 서적을 학술서적이라고 보기 어렵다.

상고 이유

1. 이 사건 도서의 프로필

이 사건 도서의 책명은 [북조선 아리랑 무등산의 진달래 475송이]입니다. 북한에서는 등교 시에 구슬픈 노래를 확성기로 틀어주는데, 노래 곡명이 [무등산의 진달래]입니다. 이 노래는 "북한의 아들들이 동강난 조국 땅을 하나로 다시 잇자 억세게 싸우다 무리죽음(떼죽음)을 당해 고향에 두고 온 부모형제를 잊지 못해, 죽은 넋이 꽃이 되어 무등산에 피어난다"는 테마어로 작사된 노래입니다. 이 노래의 1,2절이 이 도서의 뒷장과 제320쪽에 기재돼 있습니다. 도대체 몇 명이나 죽었기에 [무리] 단위로 죽었다며 애를 태우는 것인지 연구할 가치가 있는 대목이었습니다.

475라는 숫자는 1980년 북한이 제작한 5·18기록영화와 노동당 출판사 등이 발행한 2권의 대남공작 역사책 그리고 1980.6.6. 일본에서 카톨릭정의평화협의회가 발표한 [찢어진 깃폭]에 한결같이 테마 숫자로 부각돼 있습니다. 이 4개의 출처에 표현돼있는 475명이라는 숫자는 "하루 사이에 475명의 시체를 도청에 전시했다"는 기록에서 따온 숫자로 이에 대한 출처들이 이 사건 도서 29-31쪽에 명시되어 있습니다.

피고는 전두환 내란 사건 수사기록 18만 쪽을 전두환 측 변호인단으로부터 빌려다 6년에 걸쳐 분석하여 2008.8. [수사기록으로 본 12.12와 5·18]이라는 제목으로 1,762쪽 4부작을 발행하였습니다. 5·18단체가 이 책에 대해 고소를 하였지만, 안양지원은 "이 책은 명예훼손 용도로 쓴 것이 아니라 역사를 조명하기 위해 쓴 책으로 보인다"는 취지와 집단표시에 의한 명예훼손 판례에 의해 5월 단체는 이 책으로 인한 피해자가 될 수 없다는 요지의 판결을 하였습니다(을2호-1, 2, 3).

재판이 진행되고 있을 때, 재판장 이현종 판사님의 배려로 북한자료센터에 보관돼있는 비밀 북한문헌들까지 열람 - 복사할 수 있었으며, 판사님 덕분으로 5·18과 북한과의 연계성을 추적할 수 있었습니다. 남한 당국의 문서와 북한 당국의 문헌이 정확히 일치하고 상호 보완적이었습니다. 이 4개 출처에 명시돼 있는 475구가 바로 "억세게 싸우다 무리 단위로 죽음을 당했다"는 노래 가사와 연결돼 있습니다.

북한에서 불리는 [무등산의 진달래]의 존재는 탈북자들에 의해 인터넷에도 널리 전파돼 있고, 을92 보도에도 확인돼 있습니다. 2015.7.4.경 당시 동아일보와 채널A는 북한 3성장군 박승원 상장이 귀순했다고 대대적으로 기사를 썼습니다 박승원 상장이 바로 [무등산의 진달래] 곡을 제작하는 데 관여했다는 기사입니다. (을92)

북한 특수군 숫자가 600명이라는 증거 4개는 이 사건 도서 257-259쪽에 기재돼 있습니다. 권영해 전 안기부장이 정보기관 차원에서 공식 확인했다는 숫자가 490명입니다. 600명 중 490명이 교도소 야간공격 과정에서 사살됐다는 추측이 충분히 가능합니다. 권영해의 증언을 요약합니다. "5·18은 통일 차원에서 북이 주도한 군사작전이었고, 그 과정에서 북한군 위관급 특수부대원 490명이 광주에서 사망했는데 그 명단까지 확보하여 시중에 책으로 유포돼 있다." 이 명단 일부를 복사하여 을91로 제출합니다. 북한의 문헌들과 기록영화에는 475명이 하루에 때죽음 당했다고 했는데, 권영해는 490명이 사살됐고, 사망일은 490명 모두 1980.6.19.로 기록돼 있다고 밝혔습니다(을69,70). 피고는 북한군 사망자가 475명이라 밝혔고, 권영해는 490명이라고 밝혔습니다. 15명이 차이 나는 것에 대해 생각해 보았습니다. 15명은 광주에서 중상을 입은 상태에서 북으로 철수했지만 한 사람씩 사망하였고, 마지막 15번째 되는 사람이 사망한 날이 6월 19일이라는 생각을 했습니다. 이렇게 추측하는 것은 범죄가 아닙니다. 피고는 이렇게 추측할 만한 경력을 충분히 쌓은 사람입니다.

피고는 육사를 졸업하고 소위-대위 시절에 베트남전에 파병되어 4년 동안 게릴라 전투를 했고, 중앙정보부에서 정규교육까지 받고 중정 수뇌부에서 해외담당 보좌관으로 근무한 바 있습니다. 군사 부문과 대북 분야에 대해 비교적 촉이 빠른 데다 1975-1980년 미국에서 경영과학 석사와 응용수학박사 학위를 받는 과정에서 분석의 직관력과 투시력을 훈련한 사람입니다. 당시에 490명이 죽었다면 어디에서 죽었는가에 대해 추적했습니다. 1980년 5월 21일, "광주교도소를 공격하여 2,700여 명의 수용인을 해방시켜 폭동의 동력으로 삼으라"는 김일성의 무전을 받은 특수군 600명이 무리하게 3공수여단이 방어하고 있던 교도소를 야간 공격하다가 사살됐을 수 있다는 가정하에 이후의 보도들에 촉을 세웠습니다. 한겨레신문은 광주에서 계엄군이 사용한 실탄은 5.21에 548,548발(을98)이었고, 수사기록상에는 계엄군에 실탄이 배급된 날이 1980.5.21. 17:00시였습니다. 군 상황일지를 보면, 그 이전에도 그 이후에도 이렇게 대량으로 실탄을 사용할 상황이 없었습니다.

군을 이해하지 못하는 사람들은 북한이 어떻게 적진의 깊숙한 후방에까지 600명을 한꺼번에 침투시킬 수 있느냐며 고개부터 흔듭니다. 이 정도의 생각을 가진 일반 국민들을 이해시키려면 많은 학습을 시켜야 합니다. 1979.10.26.직후 김일성은 마치 박정희 대통령이 시해될 것임을 미리 알고 있었던 것처럼, 시해 직후 [폭풍작전] 명령을 내리고, 김신조급 살인 기계로 훈련된 특수군을 잠수함(11명씩)과 태백산맥 통로(20-30명씩)를 통해 광주 외곽에 잠입시켰을 것입니다. 6개월여에 걸쳐 소규모 단위로 밀파시킨 병력이 600명이었습니다. 이 숫자는 남북한 당국이 발행한 문서에 똑같이 기재돼 있는 숫자이기도 하지만, 광주 현장 사진에 나타나 있는 '광주 사람이라고 인정할 수 없는 무장괴한'들의 숫자와도 거의 일치합니다. 2020년 5월 11일

미 국무부가 한국에 이관시킨 CIA문서(550명, 이 사건 도서 302쪽)와도 일치합니다.

남침 사실을 극비에 붙여야 했던 북한군은 시체를 몰래 수거하여 도청으로 이동시키고, 부패하는 시체로부터 흐르는 악취 나는 액체를 차단하기 위해 하얀 비닐로 둘둘 말아 포장했습니다. 도청 안에는 이런 시체 포장 다이와 하얀 비닐이 쌓인 시체 포장 작업장이 있었으며 그 사진이 이 사건 도서 325쪽에 올려져 있습니다.

2014.5.13. **청주 무연고 유골 현장** / 1980. **전남도청 시체 포장 현장**

이 시체를 5월 27일 새벽에 대형트럭에 싣고 시외로 달리는 것을 보았다는 60세 안병복의 목격담이 전남대 5·18연구소 기록물에 있습니다. 또한 광주 43세의 여

교사 최봉희는 당시 광주시립공원 시체관리관이 자기 손을 거친 사체가 594구였다고 말해주었다는 사실을 증언하였습니다. 당시 광주에서 사망한 총수는 164명이었습니다. 164+430= 594입니다. 최봉희 교사의 증언과 정확히 일치합니다. 430구의 유골은 2014년 5월 13일 청주에서 발굴되었습니다. 유골 발견 시의 보도를 보면 430구의 유골은 1m 깊이의 넓은 운동장에 군사 대오를 갖추어 정렬돼 있었고, 규격이 일정한 나무판(칠성판)에 시체를 올려놓고 하얀 비닐로 둘둘 감았으며, 그 비닐 위에는 군번처럼 보이는 일련번호들이 매직으로 기록돼 있다 했습니다. 이로부터의 유골의 행방이 학자적 직관에 의해 추적돼 있으며 추적 내용이 이 사건 도서의 31-34쪽과 312-329쪽에 추리소설처럼 논리적으로 전개돼 있습니다. 피고는 진실을 추적하기 위해 당시 재판부에 사실조회 신청서를 제출했고, 법원의 공문에 따라 청주시가 많은 사실을 밝혔습니다. 430구의 무연고 유골은 청주 사람들의 것도 아니었고, 충청북도에 존재하는 4개의 화장터 어디에서도 화장되지도 않았으며, 컨테이너 박스에 깔끔하게 안장되었다는 사실을 해명서와 사진을 통해 확인하였습니다. 이런 사실 자료 모두를 추적하여 정보화시킨 사람은 기록상 오로지 피고밖에 없습니다. 이렇게 귀중한 증거들은 모아서 만든 역사책을 광주는 도대체 무슨 이유로 땅에 매몰시키려 하는지 참으로 어이없습니다.

이 사건 도서의 분량은 405쪽입니다. 2020년 이 책이 발행된 당시까지 18년 동안 피고가 축적한 자료와 5·18 관련 지식들 중 중요한 것들을 발췌하여 쓴 대한민국에서 오로지 하나뿐인 역사책입니다. 이 책은 보호돼야 할 문헌이지 불태워져야 할 불온문서가 아닙니다. 피고는 지금까지 모두 14권의 5·18역사책을 저술하였습니다(을96). 그런데 원고단체들은 국회도서관 등 그들의 영향력이 미치는 모든 도서관에서 [지만원] 이름으로 된 책은 모두 폐기처분하도록 영향력을 행사하고 있습니다. 정확한 표현으로 분서갱유인 것입니다.

2. 이 사건을 피고의 거주지 관할법원으로 이송하여 2심부터 다시 재판받게 해 주시기 바랍니다. 피고의 거주지는 경기도 안양이고, 이 도서의 출판지는 서울입

니다. 그런데 어째서 광주법원이 이 사건을 마구잡이로 가로채기하여 대법원 판례도 무시하고, 민사소송법도 무시해 가면서 [학자의 역사 해석]을 [법관의 역사 해석]으로 찍어누르기를 하는 것인지 이해할 수 없습니다. 이는 법관의 월권입니다. 이 사건은 5·18 역사의 성격을 결정하는 사건이며 판단 여하에 따라 광주의 이해득실이 달라지는 이해충돌 사건입니다. 이 사건을 광주법원이 관할한다는 것은 아버지 판사가 피고인이 된 아들의 사건을 맡는 것과 동일할 것입니다. 엄청 부끄러운 일인데도, 광주법원이 그 수치심을 의식하고 있지 못하는 것은 이변이고 불가사의합니다.

재판은 "겉으로 보기에(by appearance) 공정해야" 승복력을 가질 수 있습니다. 5·18 재판을 광주법원이 관할하는 것은 불법이기도 하지만, 재판의 기본인 승복력을 상실합니다. 아니, 낯간지러운 행위입니다.

아래와 같은 이유로 1심과 2심을 무효화하고 법이 규정하는 관할법원으로 이송하여 2심으로부터 정정당당하게 재판받게 해주시기를 바랍니다.

1) 판례1(을87): 광주지방법원 제21민사부의 이송 결정: 피고는 2023.에 [5·18작전 북이 수행한 결정적 증거 42개]라는 제목의 도서를 발행했습니다. 이에 대해 원고는 또 광주지방법원에 판매-배포금지 가처분신청을 하였습니다. 피고는 광주지방법원에 사건을 거주지 관할법원인 안양지원으로 이송해 줄 것을 신청하였습니다. 이에 광주지법 제21민사부, 제주 출신 조영범 판사는 을87에서와 같이 "① 본안소송의 피고는 신청인이고, 신청인의 주소가 있는 곳이 원칙적인 본안의 관할법원이 되는 점 ② 신청인의 주소가 안양시 동안구인 점 ③ 이 사건 도서가 이 법원 관할지역에서 출판발행 등이 되고 있다고 볼 만한 자료가 제출되지 않은 점 등을 종합하면 이 사건 관할법원은 수원지방법원 안양지원이다." 이렇게 결정하였습니다. 그런데도 광주지방법원 제11민사부는 본안사건을 납득할 만한 설명없이 가로채기하여 원고에 유리한 판결을 내렸습니다. 을87의 조영범 판사의 결정이 옳다면 이 사건의 관할법원은 수원법원입니다. 광주법원에서 관할한 1,2

심 판결 모두를 무효화시키고, 수원고등법원으로부터 다시 재판받게 해주시기 바랍니다.

2) 판례2(을88): 이부진-임우재 이혼 사건 항소심에서 수원지방법원 항소부는 이 사건의 법적 관할권이 수원법원에 있지 않고, 서울법원에 있다는 이유 하나로 성남지원 1심 판결을 무효화하고 사건을 서울가정법원으로 이송하라 판결하였습니다. 성남지원에서 1심 판결이 났고, 수원지방법원 항소심에서 2심이 진행될 때 1심에서 패소한 임우재가 관할권 문제를 제기하면서 항소심 재판부가 원심 판결을 무효처리하고 사건을 서울가정법원으로 이송해 1심부터 다시 재판하도록 판결한 사례가 있습니다. 이 사건에 대한 처리에 법률적 모델이 되는 사례라고 생각합니다.

3) 광주법원은 피고가 도저히 공판정에 나갈 수 없는 법원이었습니다. 광주법원이 피고가 도저히 출석할 수 없다는 점을 호소받고서도, 피고 없이 궐석 재판을 진행하였습니다. 이는 사법부의 품위에 관한 문제이자

야만입니다.

2016.5.19. 피고는 형사사건의 피고인이 되어 서울중앙지방법원 516호 법정에 출두하여 간단한 인정신문을 마치고 퇴정하였습니다. 바로 이때 미리 공판정과 복도를 가득 메우고 있던 50명 가량의 광주 사람들이 갑자기 달려들어 기습적으로 집단폭행을 가했습니다. 이 장면을 오마이뉴스가 취재하였습니다(을90). 피고가 집단폭행을 당하고 있는 장면 몇 개만 제시합니다.

이 동영상은 유명할 만큼 널리 전파되었습니다. 여기에

서 확실히 인식할 수 있는 것은 광주와 피고 사이에 불구대천의 원수처럼 매우 심한 적대관계가 형성돼 있다는 사실입니다. 이 적대관계는 을90의 오마이뉴스가 보도했듯이 피고에 대한 광주인들의 무조건적인 증오심에서 유발되었습니다. 이 사건에 대하여 피고는 위의 폭행 사건을 들어, 광주에는 피고가 갈 수 없으니, 거주지 관할인 수원법원이나 행위지 관할인 서울법원에서 재판을 받게 해달라며 이송신청을 하였지만 늘 기각당했고, 대법원은 언제나 광주법원 편이었습니다. 사법부에는 인륜도 법도 없었습니다.

그러다가 기적과도 같이 2024.5.21.에 광주지방법원 제21민사부의 결정을 하늘로부터 온 선물처럼 받게 되었습니다. 이로 인해 가처분사건에 대한 재판은 수원법원에서 받고 있지만, 본안사건은 광주법원이 진행하고 있습니다. 한 쌍의 세트 재판을 두 개 지역 법원이 반씩 찢어다 재판을 하는 진풍경이 벌어집니다. 사법부 권위가 볼품없이 추락하였습니다. 도대체 광주법관들에는 양심도 수치심도 법 정신도 모두 다 증발된 것인지 참으로 답답합니다. 이용훈 대법원장의 방침에 의해 대한민국에서는 공판 중심 재판이 강조돼 왔습니다. 5·18사건은 일반인이 쉽게 이해하지 못하는 고도의 전문 분야입니다. 피고의 참석 없이 변호인이 홀로 법정에서 대신한다는 것은 불가능합니다. 이런 사실을 능히 알고 있는 법원이 피고 없이 심리를 진행하는 것은 비겁하고 야비합니다.

4) 관련 법리: 보통 재판적(裁判籍)으로 보나, 행위지의 특별재판적으로 보나 이 사건 재판적은 광주법원에 있지 않습니다. 민사소송법 제32조(손해나 지연을 피하기 위한 이송)는 '<u>법원은 그 관할에 속한 소송에 관하여 현저한 손해 또는 지연을 피하기 위한 필요가 있는 때에는 직권 또는 당사자의 신청에 의하여 소송의 전부나 일부를 다른 관할법원에 이송할 수 있다. 단, 전속관할에 속한 소는 예외로 한다</u>.'고 규정하고 있습니다. 위 법조에 의하면 본 사건은 수원지방법원으로 이송되어야 마땅할 것입니다.

또한 이송 여부를 결정하는 데에는 피고의 '현저한 손해'가 고려돼야 하며, 이송 여부는 이송으로 인해 발생할 피고와 원고의 손해를 저울질하여 균형있게 결정해야 한다는 요지의 판례가 있습니다(대법원 1966. 5. 31. 자, 66마337, 결정). 위 집단폭행 사건이 보여주듯이 광주와 피고 사이에는 현저한 적대관계가 형성돼 있습니다. 이런 상태에서 광주법원이 소송을 진행할 경우 피고에게는 원고의 손해와는 비교될 수 없는 현저한 손해가 발생합니다.

첫째, 피고와 광주법원 사이에는 공식적 적대관계가 형성돼 있어서 피고가 적에 의해 재판을 받고 있다는 괴이한 상황에 놓여있고, 둘째, 광주가 피고의 적대지역이라 귀원에 출석하여 심리에 참여하고 싶어도 집단폭행이 두려워서 출석재판을 받지 못하고 있습니다. 이 두 가지 손해는 이송으로 인해 발생할 원고들의 손해와는 비교조차 할 수 없는 몇 단계 더 높은 차원의 손해임을 누구나 인정할 수 있을 것입니다. 아래는 이에 대한 소명입니다.

(1) 5·18에 관한한, 광주법원은 이해당사자이기 때문에 재판권의 제척사유에 해당합니다. 이 5·18관련 사건은 여느 재판이 아니라 지역감정이 대립하고, 이념이 대립하는 특별한 사건입니다. 광주는 5·18이 발생한 지역이고, 광주는 국가와 충돌한 충돌의 한쪽 당사자입니다. 반면 피고는 5·18을 광주와 국가가 충돌한 사건이 아니라 북괴와 국가가 충돌한 사건이라는 연구 결과를 냈습니다. 이 연구는 근본적으로 광주가 국가와 충돌했다는 불명예를 씻어내는 청소제가 된다고 생각합니다. 교도소를 5회 공격한 행위, 총상사망자 116명 중 80%에 해당하는 사람이 카빈소총 등 무기고에서 탈취된 총기로 사망한 사실, 17개 시군에 위장돼있던 44개 무기고를 단 4시간 만에 털어 5,403정의 총기를 탈취하여 계엄군에게 총을 쏜 행위 등은 5·18을 민주화운동이라고 믿을 수 없게 하는 취약점이며 이는 광주의 불명예에 해당합니다. 피고가 이 행위를 북한군이 저지른 것이라고 발표한 것은 분명 광주 명예에 득이 되는 것입니다.

반면 이러한 명분과는 달리 광주는 이미 5.18의 이해당사자 위치를 굳건하게 확보해놓고 있습니다. 5.18보상법, 5·18예우법, 5·18특별법 등을 따로 제정하여 지난 30여 년 동안 5·18로 경제적 혜택을 받아왔고, 각종 특혜를 받아왔고, 가산점에 의해 공직 등 좋은 일자리를 선점해왔고, 정치 사회적 신분 상승을 누려왔습니다. 5·18 마패만 들어 올리면 대통령도 헌법도 압도돼왔습니다. 그래서 피고의 이 연구 결과는 광주가 이제껏 누려온 이 막대-막강한 이권과 정치 사회적 특권을 침해하는 적(enemy)으로 간주되었습니다. 이러하기에 지난 20여년 동안 광주가 피고를 점찍어 무자비한 탄압을 지속해 온 것입니다. 아울러 전두환 전 대통령 등 피고와 같은 견해를 갖는 국민들을 모두 광주로 불러 재판해왔습니다.

광주법원의 법관들도 광주시민입니다. 아니면 광주의 영향을 받을 수밖에 없는 이해당사자임에 틀림없습니다. 지금은 이해당사자인 광주법원이 그 반대편에 서 있는 한 자연인을 상대로 하여 재판을 하고 있는 것입니다. 이는 승복력은커녕 국민적 비난과 조소를 자아내게 하는 매우 치사한 처사입니다. 이런 취지에서 제정된 법률이 이해충돌방지법, 김영란법, 형사소송법 제15조의 법 정신일 것입니다. 광주법원은 제척사유에 해당한다는 것이 일반적인 국민정서입니다.

(2) 광주시장이 앞장서서 광주시의 총역량을 조직화하여 피고를 탄압하는 마당에 광주법관이 독야청청할 수는 없을 것입니다. 2013. 5. 24. 광주시장이 나서서 [5·18역사왜곡대책위원회]를 만들었습니다. 사실상 피고 지만원에 대한 범광주대책위원회라는 것이 보도 제목들이었습니다. 광주의 338개 단체를 총망라하고 18명의 변호사 집단을 구성하고, 광주시청 전담공무원이 인터넷을 샅샅이 검색하여 소송을 하고, 소송에 걸리면 경상도, 강원도, 인천, 서울 사람들 모두가 광주법원으로 끌려가 재판을 받아왔습니다. 이런 상황과 분위기에서 광주법원 법관들이 초연하고 고고하게 법대로 심리한다는 것은 아마도 사하라사막에 소나기가 내리기를 기다리는 격이 될 것입니다. "눈 가리고 아웅!"

이것이 광주법원이었고, 관할권에 대한 상고를 늘 기각해 온 대법원이었습니다.

(3) 같은 표현에 대해 광주법원에서 재판하면 중죄, 타 지역에서 재판하면 무죄였습니다. [북한 개입] 표현에 대해 피고는 안양지원으로부터 무죄판결을 받았고, 서울남부지검으로부터 불기소 처분을 받은 바가 있습니다. 반면 광주법원으로부터는 징역 10월형과 이자 포함 2억4천만 원의 손해배상금을 물어주라는 판결을 받고 배상금을 물었습니다. 이것이 피고가 광주법원을 회피하고 싶은 강력한 이유 중의 하나입니다.

(4) **재판적(裁判籍) 결정의 잣대**는 방어능력 없는 자연인 피고를, 피고를 공격하기 위해 '광주시장이 지휘하여 구성한 338개의 광주단체와 18명의 변호인단'으로부터 보호해야 하는 것이 페어플레이 정신이라고 생각합니다. 보통재판적이 옳으냐, 특별재판적이 옳으냐. 이론들이 있을 수 있습니다. 하지만 이 사건은 5·18 재판 사건의 성격을 놓고 따져야 할 문제입니다. 광주의 정서는 5·18 성역화입니다. 그 성역을 지키기 위해 광주

시장을 중심으로 하여 총단결한 광주의 총역량이 오로지 한 자연인에 불과한 피고를 상대로 하여 전쟁을 벌이고 있다는 이 현저한 사실이 '재판적' 결정의 핵심잣대가 돼야 한다고 생각합니다.

(5) 대한민국 위에 광주공화국이 군림하고 있는 현상은 중단-시정돼야 합니다. 전쟁유공자, 독립유공자 등은 국가가 심의하여 지정하는데 반해 5·18유공자만은 광주시장이 선정하고, 대통령이 혜택을 시행합니다. 대통령 위에 광주시장이 있는 실로, 그로테스크한 현상이 유지돼 온 것입니다. 이런 웃기는 진풍경은 시정돼야 할 것입니다.

3. 5·18단체들이 [북한군 개입] 표현의 피해자가 될 수 있는지에 대하여

이 사건은 집단표시에 의한 명예훼손 판례가 적용되는 전형적인 사건입니다. 원심의 판결대로 무리하게 [원용]되는 판례가 아니라 [직접적으로 적용]되고, 이 사건을 [구속]하는 명쾌한 판례입니다. 두 개의 판례가 있습니다. 하나는 을59의 판례이고 다른 하나는 새로 제출하는 을93의 판례입니다.

1) 을59의 판례: 서울 강남의 서울교회 이종윤 목사님은 2009. "5·18민주화운동은 북한특수부대가 주도했다"는 요지의 설교를 하셨고, 5월단체들은 소가 1억원의 민사소송을 제기하였지만 을11호증 기사와 같이 대법원은 이종윤 목사님의 설교내용을 허위사실이라고 판단하면서도 5월단체들은 그 허위사실 표현의 피해당사자가 될 수 없다고 판단하였습니다. 위 대법원 판례(을59)에는 ① 피고의 표현에 "5·18유공자들을 지목하는 표현이 없어, 원고들의 명예를 직접적으로 훼손했다고 보기 어렵다" ② "집단표시에 의한 명예훼손은 구성원 수가 적거나 주위 정황 등에 비춰 집단 내 개별구성원을 지칭하는 것으로 여겨질 수 있을 때 개별구성원이 피해자가 될 수 있다"는 내용이 있습니다. [북한군 개입] 표현에 대해 "5월단체들이 명예훼손의 대상자가 될 수 없다"는 것이 대법원 판례인 것입니다. [북한 개

입] 표현으로 5월 단체들로부터 고소를 당했던 피고 역시 안양법원 형사부로부터 똑같은 [집단표시] 판례에 의해 무죄판결을 받았습니다(을2-1호증, 3-4쪽).

2) 또 다른 동종의 민사판례로, 그 의미가 더욱 또렷한 2014년의 대법원 판례가 있어, 을93으로 제출합니다. 집단의 크기가 200명 정도에 불과한 [육군검찰부]에 대해 주간조선이 허위사실을 보도했는데도 대법원은 1.2심 판결을 뒤집고 [육군검찰부]가 '집단표시에 의한 명예훼손 판례'에 의해 피해자가 될 수 없다고 판시하였습니다.

을93은 대법원 2014.4.24. 선고 2013다74837 판결 [손해배상(기)]입니다. "군 검찰, 거짓 진술 강요했다"는 주간조선 2011.5.2.자 기사에 대한 사건으로, [육군검찰]이 집단표시에 의한 명예훼손 판례의 적용 대상이 되는가가 쟁점이었습니다. 육군 전체에는 110-120명의 검찰관이 있고, 60-70명의 검찰수사관이 있기 때문에 [육군검찰]에 대한 주간조선의 기사는 허위이

지만 '집단표시에 의한 명예훼손 판례'에 의해 '육군검찰단'은 주간조선 기사의 피해자가 될 수 없다는 판결입니다.

주간조선은 [군검찰]이라는 표현으로 단체의 이름을 명시했지만, 피고는 도서에서 원고 중 그 누구의 이름도 명시한 바 없습니다. 5·18관련자들은 수천-수십만이지만 [육군검찰]의 숫자는 겨우 200명 수준입니다. 이렇게 작은 집단의 명칭을 명시하면서, 허위로 기사를 쓴 사실에 대해서도 [집단표시에 의한 명예훼손] 판례가 적용된 것입니다. 이 두 가지 판례는 피고에게도 직접적으로 적용돼야 합니다. 그런데 원심은 이 두 개의 판례를 무시하였습니다. 무시하였을 뿐만 아니라 피고의 주장까지도 바꿔치기하는 저자거리 수준의 소매치기 수법까지 동원하였습니다. 공분의 대상이 아닐 수 없습니다.

3) 원심 법관들의 바꿔치기식 사기행위를 고발합니다. 이 원심의 파렴치한 소매치기 행위가 사법부 내에

서 윤리적 도덕율(code of conduct)에 의해 심판되기를 바랍니다.

5월 단체나 개인들은 [북한군 개입] 표현의 피해당사자가 될 수 없다고 판결한 대법원 판례들이 있다는 것을 증명하기 위해 피고는 2개의 판례를 제출하였습니다. ① 피고가 받았던 형사재판 판례인 을2-1,2,3호증과 ② 강남에 소재한 서울교회 이종윤 담임 목사님이 받았던 손해배상 소송에 대한 판례인 을59 및 79호증이었습니다. 위 형사 및 민사소송의 소송인들은 모두 5·18단체였습니다(을94,95). 그런데 원심은 피고가 서면들을 통해 누차 강조한 위 2개의 판례에 대해서는 모르쇠 자세로 회피한 반면, 피고가 주장하지도 않은 엉뚱한 4개의 대법원 판례를 피고가 제출하면서, 이를 근거로 5월단체나 개인들이 피해당사자 자격을 가질 수 없다는 주장을 폈다고 거짓말을 하였습니다.

원심은 판결서 8쪽 다)항에서 2개의 대법원 판례를 그리고 라)항에서 2개의 판례를 기재한 후, 피고가 이

4개의 판례를 근거로 하여 5월단체들이 [피해당사자 자격]을 가질 수 없다는 주장을 폈다고 썼습니다. 피고는 분명 A와 B의 판례를 제시했는데, 원심법원은 A와 B를 등 뒤로 감추고, 피고가 알지도 못하는 생뚱한 O,P,Q,R 이라는 판례를 제시했다고 거짓말하여, 판결문을 썼습니다. 원고가 제시하지도 않은 4개의 판례를 기재해놓고, 이 4개의 판례는 본 사건 원고들의 피해자 적격 여부를 판결하는데 아무런 역할을 할 수 없다고 판결하였습니다. 불손한 말씀이지만 이는 광주법관의 날치기이고 사기행위입니다. 피고는 그 어디에서도 원심 판결서 8쪽에 기재된 4개의 판례를 거론한 바 없습니다.

원심판결서 8쪽에 피고가 제시하였다고 원심이 기록한 4개의 판례를 검색해보니 그 내용이 매우 황당하였습니다. ① 법관이 피고가 주장하지도 않은 판례를 피고가 4개씩이나 주장했다는 거짓말을 감히 판결서에 쓸 수 있는 것인지, ② 아울러 피고가 주장한 판례 2개는 판단 범위에 넣지 않는 방법으로 은근슬쩍 회피하여도 되는 것인지, 귀원에 여쭙고 싶습니다. 이 광주법원의 날치기 행위는 사회적으로도 문제시돼야 할 것입니다.

아래에 을96의 연합뉴스 보도를 이기합니다. 이 보도 내용이 원고들의 피해자 적격을 결정하는 핵심 기준이 될 것입니다.

(안양=연합뉴스) 이복한 기자 = 수원지법 안양지원 제1형사부(부장판사 이현종)는 인터넷 홈페이지에 광주 5·18 민주화운동을 비방하는 내용의 글을 올려 5·18 단체로부터 명예훼손 등으로 고발된 지만원(69)씨에 대해 무죄를 선고했다고 20일 밝혔다. 재판부는 "지 씨가 특정인을 지칭하지 않아 집단표시에 의한 명예훼손으로 보기 어렵다"고 판시했다. 지 씨는 탈북자들의 기자회견 내용 등을 인용해 자신의 홈페이지에 북한 특수부대가 광주 5·18 민주화운동에 개입했다는 등의 의혹을 제기해 5·18단체로부터 명예훼손으로 고발됐다. 위 판단은 대법원에서까지도 유지되었습니다.(을2-1,2,3, 을86)

4. 이 사건 도서에 표현된 내용들은 모두 [사실]과 [의견]뿐이고, 원고 측도 원심 재판부도 다 같이 그렇게 인정했는데, 그 [사실]과 [의견]들이 5·18의 민주화운동임을 부인하였기 때문에 명예훼손이라는 원심 판단이 정당한 것인지 판단해 주시기 바랍니다.

원심은 판결서 10쪽 상단에서 원고들이 문제 삼고 있는 별지 2-9에 수록된 30개 표현을 [이 사건 각 표현]이라고 명명하였습니다. **원심은 판결서 10쪽 상단에서 이 30개의 [이 사건 각 표현]에 대해 [사실] 또는 [의견]이라 정의하였습니다**. 사실을 적시하는 방법과 의견을 표하는 방법으로 5·18의 명예를 훼손하였다는 것입니다. 이 사건 소장에도 역시 "**피고는 '5·18의 명예를 훼손하는 사실들만' 적극적으로 모아 5·18의 명예를 훼손하였다**"고 주장돼 있습니다. 매우 황당합니다. 이런 비-논리적 인식은 광주가 지난 30여 년 동안 5·18을 마패로 하여 성골의 신분을 누려오면서 형성된 비뚤어진 고압적 정서에서 자라난 독버섯일 것이며, 바로 이것이 국민적 소통과 통합에 장애가 되고 있습니다.

① 별지 2-9를 일견해 주시기 바랍니다. 내용 모두가 출처가 명시돼 있는 [사실]과 [의견]으로만 구성돼 있고, [허위사실]이나 [출처가 명시돼 있지 않는 사실]은 없습니다. 원심도 원고들도 이 사건 도서에 허위사실이 있다고 주장한 바 없습니다. [북한군 개입] 표현은 이 사건 도서 405쪽 분량에 논증(reasoning out)된 모든 사실과 의견을 종합하여 내린 전체적 의견입니다. 이 [전체적 의견]이 광주의 명예를 훼손하였다는 것이 원고 측 주장임과 동시에 원심의 판단입니다. 한마디로 광주의 기분을 상하게 하였다는 것이 범죄라는 결론입니다. 이는 [사실]과 [의견]을 별지로 분류한 '별지의 제목'들에도 잘 나타나 있습니다. 결론적으로 원고와 원심이 다 같이 인정한 바의 그 [사실]과 [의견]이 단지 북한군 개입을 시사했다고 해서 명예훼손이 되는 것인지 귀원에서 다시 판단해 주시기 바랍니다.

② 피고가 가지고 있는 자료 양보다 더 많은 자료를 가지고 있는 존재가 원고 단체들입니다. 전남대학 부설로 설치된 [5·18연구소]에는 연구인력이 많이 있습니

다. 자료가 없는 피고는 혈혈단신으로 자료들을 사냥하고 연구해서 평균 400쪽 분량의 5·18역사서를 14권이나 쓴 반면, 원고 단체들은 엄청난 자료와 그 많은 5·18 전담 연구원들을 보유하고 있는 데다 정부로부터 매년 풍부한 자금을 공급받아오면서도 단 한 권의 [5·18 정사]도 쓰지 않았습니다. 한동안 5·18의 바이블로 알려진 황석영 저서 [죽음을 넘어 시대의 어둠을 넘어]라는 책은 북한이 발행한 두 권의 책을 짜깁기한 북한판 서적인 것으로 2010년 신동아에 의해 그리고 피고에 의해 밝혀졌습니다. 이는 피고가 저술한 [솔로몬 앞에 선 5·18]에 자세히 증명돼 있고, 이 사건 도서의 199쪽에 재확인돼 있습니다.

원고 단체들은 10만여 쪽의 수사기록과 70여만 쪽의 광주시민 증언록을 가지고 있으면서도 어째서 이들 자료를 출처로 하는 [5·18 정사]를 쓰지 않았는지 성찰해 주시기 바랍니다. 피고의 생각으로는 그 자료들에는 원고들이 원하는 자료가 없기 때문일 것입니다. 결론적으로 5·18에 대해 존재하는 모든 자료 즉 남한 당국의 자료, 북한 당국의 자료, 광주시민들의 증언 자료 모두에, 북한군 개입을 강력히 시사하는 자료만 있을 뿐, 광주의 뜻을 뒷받침하는 자료가 없다는 것이 그 이유일 것입니다. 이러한 환경하에서 피고가 채증한 출처 있는 [사실 자료]들은 모두 다 [북한군 개입]을 암시할 수밖에 없었습니다. 원고가 주장하는 것처럼, 피고가 일부러 5·18의 민주화를 부정하는 자료만 찾은 것이 아닙니다. 18만 쪽의 수사기록에나 70여만 쪽의 광주기록에나 5·18을 북한이 저지르지 않았다는 것을 의미하는 기록이 전혀 없었던 것입니다. 결국 원고의 주장과 원심의 판단은 피고가 광주의 눈치를 보지 않고 역사책을 썼다는 것이 괘씸하다는 것입니다.

5. 원심은 판결서 13쪽에서 북한의 개입 가능성을 인정하였습니다. 하지만 그 수는 소수이지 피고가 주장하는 것만큼은 아니라 하였습니다. 북한이 개입했을 가능성은 있지만 그 숫자에 대한 판단이 법관과 학자 사이에 일치하지 않기 때문에 학자의 판단이 벌을 받아야 한다는 것입니다. 판결의 논리가 그야말로 언어도단입니다. 숫자를 판단함에 있어, 법관의 판단이 학

자의 판단을 압도한다는 것입니다. 숫자를 판단하는 것은 학자의 영역이고, 범죄 의도의 존재 여부를 가려내는 것이 법관의 영역일 것입니다. 법관이 학자의 영역을 침범하는 것은 불법한 월권입니다.

1) 권영해-황장엽 등의 증언에 대한 [군사적 판단]이 원심과 피고 사이에 다릅니다. 원심이 남북한 정보기관의 최고자인 권영해-황장엽의 증언을 쓰레기라고 판단한 반면, 피고는 이 두 거두의 증언을 A급 정보라고 판단합니다. [군사적 정보판단]에서 법관이 군사전문가 윗자리에 설 수는 없습니다. 피고는 위관시절 베트남 전쟁에서 정보판단에 따라 4년간 전투를 했습니다. 중앙정보부에서 정규교육과정을 수료하고 중정 지휘부에서 북한정보를 다룬 경력이 있는 북한정보 매니아입니다. 그래서 각 정보에 가치(value)를 부여할 만큼 정보평가에 대한 고급 전문가라 할 수 있을 것입니다. 최소한 군사정보 비전문가인 법관의 아래 자리에 설 수 없는 존재입니다.

원심은 판결서 13쪽에서 북한이 5·18에 활동하였을

가능성이 있다고 판단하면서도 그 수는 10명 내외의 소수일 뿐, 피고가 주장하는 것처럼 다수가 개입하였다는 것을 인정할 수 없다 하였습니다. 원심이 판결문 13-14쪽에서 판단한 "소수의 북한인이 5·18에 활동하였을 가능성이 있다"는 판단 근거는 오로지 순천 출신으로 전 새정치국민회의 국회의원 김경재가 2023년에 Knews(을71)에 했던 증언 1개입니다. 하지만 김경재의 증언과 권영해-황장엽의 증언은 맥을 함께 하며 이들 3인의 증언은 상호보완적이지 배타적이지 않습니다. 이들 모두의 증언은 오로지 단 하나의 정점인 [북한군 개입]에 지향돼 있습니다. 그런데 원심은 한 묶음으로 묶여진 동종의 꽃다발에서 오로지 김경재라는 꽃송이만 빼내서 그것만이 진정한 증거라 합니다. 머리만 숲에 숨긴다는 다급해진 꿩의 모습이 오버랩됩니다. 권영해-황장엽-김경재 증언의 가치와 신뢰성에 대한 판단은 군사정보 분야에서 내공을 쌓은 전문가들의 판단영역이지 법관의 판단영역이 아닙니다. 원심은 피고가 군사 분야에 어두운 존재이고, 역사서를 쓸 수 있는 소양이 부족하다고 비하했습니다. 이에 피고는 피고의 소양을 짐작케 할 수 있는 구글 검색 자료를 아래에 제시합니다.

지만원 씨의 저서 『**70만 경영체 한국군 어디로 가야 하나**』는 1991년 출간 당시 베스트셀러 1위를 차지하며 큰 반향을 일으켰습니다.

이 책은 지만원 씨의 첫 저서로, 소설을 제치고 7주 연속 베스트셀러 1위에 오르는 등 사회적으로 큰 주목을 받았습니다.

주요 내용은 다음과 같습니다.

- **배경**: 지만원 씨는 육군사관학교 출신 예비역 대령이자 시스템공학 박사로서, 군 내부의 비효율성을 지적했습니다.
- **주제**: 당시 70만 명에 달하던 한국군의 비효율적인 조직 운영을 비판하고, 군 현대화 및 시스템 경영에 기반한 개혁 방안을 제시했습니다.
- **영향**: 군 개혁에 대한 사회적 논의를 촉발시켰으며, 군 내부에서는 배신자로 성토되기도 했습니다.

✦ AI 개요

지만원 씨는 과거 미국 해군대학원에서 시스템공학 박사 학위를 취득한 후 한국에 돌아와 **'시스템 전도사'**로 불리며 군사평론가, 교수 등으로 활동한 이력이 있습니다. 1990년대부터 방송 기고와 강연 등을 통해 시스템 사고방식의 중요성을 강조하며 명성을 얻었습니다.

권영해는 당시 남한 정보기관의 수장이었고, 황장엽은 북한의 대남 정보를 관장하는 최고 비서였습니다. 이런 최고 정보 수장들의 증언을 무시하는 판결을 하려면 그 근거가 설득력을 가져야 하는데, 전문가인 피고의 시각으로 볼 때, 원심의 논리는 매우 거칩니다. 이들 최고 수장들의 증언은 광주법관의 자의적 해석에 의해 버려질 수 있는 성질의 것이 아니라 피고가 이 사건 도서에 열거한 30여 개의 증거와 결부시켜 놓고 전체적인 맥락에서 판단을 해야 논리적입니다. 이들의 증언은 모두 다 피고가 이 사건 도서에 수록된 30여개의 증거들과 맥락을 같이함과 동시에 미 CIA 보고서들과도 정확히 일치합니다. 아래의 9가지 자료들은 모두 다 [북한군 개입]이라는 정점에 지향돼 있습니다.

① 피고의 연구결과는 [5·18은 북한군 600명이 주도한 게릴라 작전]이라는 평가를 냈습니다.

② 원심은 10명 정도의 공작원 또는 고정간첩이 활동했을 수 있다고 판단하였습니다.

③ 황장엽은 5·18을 북이 배후조종해놓고 그 책임을 남한에 전가한 사건이며, 5·18 사건 직후 총화(종합평가)를 열어 대남사업부(통전부) 간부들 다수가 줄줄이 훈장을 받았다고 증언했습니다.

④ 권영해는 '5·18은 북한이 통일 차원에서 주도한 군사작전이었고, 위관급 특수군 490명이 광주에서 사망했다고' 증언했습니다.

⑤ 1980년 바로 그 해에 북한 당국이 제작한 광주 기록영화를 위시하여 북한 당국이 발행한 3권의 대남공작서는 천편일률적으로 광주에서 하루에 475명이 죽었다며 울분을 토했습니다.

⑥ 북한 노래 [무등산의 진달래]의 가사의 테마어는 "동강난 조국 땅을 하나로 다시 잇자 억세게 싸우다 무리죽음을 당했다'는 내용입니다.

⑦ 북한은 해마다 5월이 되면 28개 도시 전역에서 한 해도 거르지 않고 5·18을 성대하게 거행합니다(이 사건 도서 290쪽). 5·18이 북한의 역사가 아니라면 북한 지도자들이 치매가 걸리지 않은 이상, 해마다 28개 도시 전역에서 5·18을 기념할 수는 없을 것입니다.

⑧ 미 CIA자료는 광주의 주도권을 잡은 극렬분자가

550명 정도로 보이고, 이들은 북한과 연계돼 있으며, 광주시민들을 체포해다가 인민재판을 열어 즉결처분을 하였으며 계엄군은 광주시민의 생명을 지키기 위해 엄청난 자제력을 발휘했고, 진압작전이 참으로 훌륭해서 피해자가 극소수였다고 칭찬하였습니다.

⑨ 현장 사진들을 보면 광주에는 수많은 무장 전투프로팀들이 존재하고 각 팀에는 지휘자가 있었는데, 실제 광주 사람들 중에서는 "내가 어느 팀의 지휘자였다"고 나선 사람이 전혀 없습니다. 사진 속에는 분명히 존재했던 전투프로들과 팀장들이 광주에 없다는 것은 5·18 현장 지휘자들이 북한군이었다는 사실을 강력히 시사합니다. 광주민주화운동 자료총서 17권 65쪽에는 5·18 주역이자 평민당 국회의원이었던 정상용의 회고가 들어 있습니다. "5·18의 기동타격대 구성원은 그 80%가 17살에서 22살 사이의 청년이었고, 대부분이 학생이 아닌 도시근로자, 노동자, 점원, 실직자, 구두닦이, 품팔이, 식당 종업원 등 소외받고 억눌려왔던 기층민중이며 이들이 가장 적극적으로 싸웠다." 정상용은 항쟁본부 외무위원장이었으며, 그의 이 증언은 1982년 3월 15일

육군본부가 발행한 '계엄사'(戒嚴史)의 분석과 일치합니다. 계엄사 134쪽에는 극렬시위의 전위대들이 불량배, 구두닦이, 넝마주이, 공장근로자, 전과자, 무직자들로 구성되어 있다고 기재돼 있습니다. 이런 사람들이 운동의 핵심들인데 이들이 어떻게 현장 사진이 보여주는 무장 전투팀원들일 수 있겠습니까?

2002.12. 전남대학교 출판부가 발행한 '5·18항쟁증언자료집I'(증59의 98-184쪽)에는 항쟁본부에 모인 사람들 모두가 1980.5·18.-24까지 시위에 참가하지 않고 숨어다니다가 5월 24일 오후에야 한 사람씩 도청에 모였다고 실토한 내용들이 있습니다. 외무위원장 정상용의 증언입니다. "항쟁지도부는 급조된 조직이다. 나는 외무위원장을 맡았다. 그 이전에는 시민학생수습대책위가 있었는데 총기를 반납하자 해서 이를 거부하고 만든 조직이다(128쪽 가). 그날이 25일이다(128쪽). 시민학생수습대책위의 기본 골격은 무기 반납이었다(130쪽). 23일부터는 무기 반납쪽으로 선회했다(131쪽). 항쟁지도부의 활동기간은 5월 25일 오후부터 27

일 새벽이었고(131쪽) 26일 우리가 재무장을 하기로 결의하고 발표하고 조직을 짜려는 순간 진압당했다(132-133쪽). 5월 19일부터 윤상원 등 투사회보 사람들이 녹두서점(윤상원이 점원으로 있는 서점)에 모여 작업도 하고 전략회의도 했다. 21일 총격전이 나자 모두 흩어져 각자도생했다. 이날 수시로 위험하다는 판단이 나오면 보성기업으로 자리를 옮기는 등 숨어다녔다." 결론적으로 광주가 북한군 개입을 부정하려면 [항쟁본부] 지휘부 요원들이 광주 현장 사진 속의 무장 전투조 지휘자였다는 것을 증명해야 합니다.

이상 9개의 [사실]들만 발췌하여 연결해도 전체적 맥락이 충분히 형성됩니다. 이 9개의 사실들이 모두 [5·18은 북한이 주도한 군사작전]이라는 하나의 정점에 지향돼 있습니다. 사실과 논리가 이렇듯 명백한데도 원심은 전체 맥락을 외면하고, 랜덤식으로 접근하여 단 1 개의 [증언] 즉, 순천 출신 김경재의 증언만 선택하여 5·18역사에 대한 [평가]를 내렸습니다. 역사에 대한 [평가]는 법관의 소관이 아닙니다. 5·18에 대해 개념조차 없는 법관들이 학자의 영역에 뛰어들어 질퍽거리고 있는 것입니다.

피고는 이들 남북한 당국 최고의 정보기관 수장들의 증언이, 그리고 미 CIA 보고서 내용이 피고의 [역사해석]인 북한개입 의견에 정확히 부합한다는 것을 공증(notarize)시켜준 값나가는 증언이고 자료라고 생각합니다. 법의 판단이든, 전쟁 지휘관의 판단이든, 정보판단에는 판단의 질(quality)이 최고의 가치를 갖습니다. 판단의 질은 정보의 양과 질에 비례합니다. 그런데 원심의 이 부분 판단에는 정보의 양이 오로지 1개뿐입니다. 이런 판단은 위험하고 존중받지 못합니다. 솔직히 [판단]의 축에도 끼지 못할 판단이라고 생각합니다. 수십 개의 정보가 있는데, 오로지 김경재의 증언 하나만 선택하여, 그것만이 유일한 가치가 있고 나머지는 쓰레기라는 판단은 승복력을 가질 수 없을 뿐만 아니라 조소의 대상이기도 합니다.

광주고법은 당시에 운전면허증을 가진 사람들이 광주에 많이 있었고, 일반 자동차를 몰 수 있는 사람은 군용트럭과 당시 출고조차 되지 않았던 장갑차를 조금만 연습하면 몰 수 있다며, 5월 21일 군용트럭을 몰고 전남 지역 17개 시-군에 감쪽같이 위장돼있는 44개 무기고를 충분히 탈취할 수 있었다고 판결하였습니다. 그런데 위 5·18 항쟁을 총지휘했다는 [항쟁본부] 최고 집행부 사람들의 증언과는 정반대로 광주고법 판사는 판결문을 뇌피셜로 썼습니다. 당시 장갑차는 이태리형으로 아시아자동차 공장이 우리나라 최초로 제조해, 출고조차 되지 않았던 신형입니다. 장갑차의 조종 구조는 일반 자동차와는 전혀 다른 전자통제식 구조이기 때문에 매뉴얼 없이는 연습조차 할 수 없었습니다. 지금의 155미리 자주포와 비슷한 구조입니다. 광주고법 판결대로라면 지금의 자주포도 일반 운전자가 연습만 조금 하면 운전이 가능해야 합니다. 그런데 자주포의 조종수(운전수)와 포수(사격수)는 장기근무자인 중-상사들만이 할 수 있습니다. 군에서는 장갑차, 전차, 자주포 운전자를 [운전자]로 호칭하지 않고 [조종수]라고 호칭합니다. 아래 기사는 2024.10.11. 자 조선일보 기사입니다. 포수와 조종수가 없어서 부대에 배치된 최신형 자주포 30%가 고철처럼 방치돼 있다는 기사입니다.

K9 자주포를 포함한 육군 자주포 전력 10대 중 3대는 조종수가 없어 유사시 운용에 어려움을 겪을 수 있다는 지적이 제기됐다.

10일 국민의힘 유용원 의원실이 육군에서 제출받은 자료에 따르면 육군 자주포 조종수 보직률은 2022년까지 80%대였다가 2023년 72.2%로 급감했고, 2024년(6월 30일 기준)에도 72.9%였다. 자주포는 다른 차량이 견인하지 않아도 '스스로 이동'(自走)해 사격할 수 있는 포(砲)다. 하지만 인구 절벽과 초급 간부 이탈로 인해 자주포를 몰아야 할 부사관·장교가 부족하다는 것이다. 육군 자주포 보직률은 전차(92.7%), 장갑차(93.2%) 보직률과 비교해도 더 낮다.

2025.10.10.자 중앙일보 기사는 더욱 심각합니다.

The JoongAng

[단독] 전차 있는데 조종 부사관 없다…"훈련 때 옆부대서 꿔와"

중앙일보 | 입력 2025.10.10 05:00 업데이트 2025.10.18 20:45 지면보기

포수와 조종수가 모자른 제7 기동군단

단위: %(보직률) ● 조종수 ● 포수

※7군단 수도기계화보병사단, 제8 기동사단, 제11 기동사단의 예하 전차대대 기준

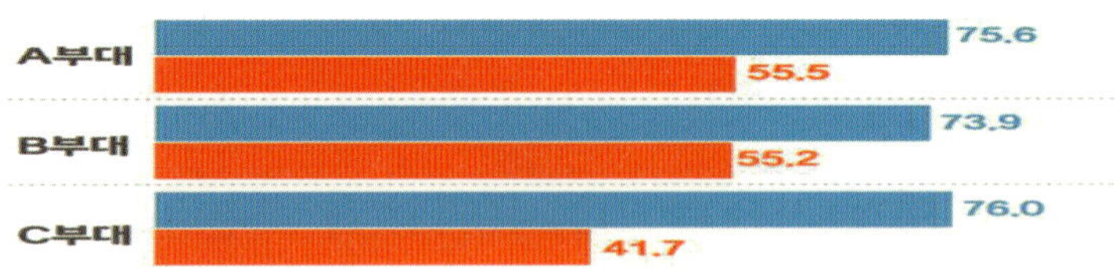

자료: 육군, 임종득 의원실 The JoongAng

광주고법은 군용차량 400대와 장갑차 4대를 모두 광주인들이 몰았다는 요지로 판결하면서도 그 군용트럭과 장갑차를 몬 사람들의 명단은 밝히지 않았습니다. 5·18조사위원회도 똑같은 주장을 했지만, 장갑차와 군용트럭을 몰았다는 사람을 단 한 사람도 확보하지 못하였습니다.

2) 광주 시위에 참여한 북한공작원 등이 겨우 10명 내외라 판단한 원심 판단과 북 공작원이 수백 명이라는 피고의 판단 중 어느 판단이 설득력이 있는지 이제부터 논증을 하도록 하겠습니다. 물론 피고는 이 사건 도서 257-259쪽에서 북한군이 600명이라는 점을 기재한 4개의 남북한 문서들을 증거로 제시해놓았습니다. 이제부터 시위에 참여한 북한 공작원의 숫자가 원심판결처럼 10명 내외였는지에 대해 그 타당성을 분석해보겠습니다.

(1) 을97의 기사는 '광주의 극렬분자들이 광주시민들을 도청으로 끌고 가 인민재판을 열었고, 즉결처형을

시켰다'는 미 CIA보고서 내용을 소개하면서 CIA보고서 내용의 신빙성을 추적하였습니다. 을79에 실린 4커트의 사진을 〈1〉~〈4〉로 옮깁니다. 7-8명의 어깨들이 1개 조가 되어 광주 청-장년 4명을 도청으로 체포해 가는 모습입니다. 을97의 매체는 아래의 현장 사진 4개를 구해서 추적한 결과 피체포자 모두가 사망했다는 사실을 밝혀냈습니다. 광주 사람이 또 다른 광주 사람을 도청 안으로 연행해 즉결처형시켰다면 그 체포조는 광주 사람일 수가 없을 것입니다. 만일 광주시민이 이런 일을 주도했다면 4명을 연행하여 즉결처분한 체포조들은 이미 색출되어 살인죄로 처벌되었을 것이고, 5·18은 민주화운동이 될 수 없었을 것입니다. 하지만 광주의 그 누구도 이 사실로 법의 심판을 받은 사람 없습니다. 체포조가 광주 사람이라면 5·18은 민주화 운동이 될 수가 없을 것입니다. 결론적으로 아래 사진에 나타난 체포조 어깨들은 광주 사람일 수가 없습니다. 원심이 부분적으로 인정한 북한 공작조일 수밖에 없는 것입니다. 아래 체포조의 숫자를 세어보겠습니다.

34명입니다. 10명이 훨씬 넘습니다.

〈1〉 을97의 5쪽(도청 밖)

〈2〉 을97의 6쪽(도청 안)

〈3〉 을97의 8쪽

〈4〉 을97의 9쪽

사진〈1〉 내지 〈4〉은 총을 소지한 어깨들이 군중이 보는 앞에서 광주 사람들을 전남도청으로 끌고 가는 장면의 사진들입니다. 사진〈1〉은 해남 군민 김인태가 도청 밖의 군중에 섞여 있다가 프락치로 의심받아 도청 정문을 향해 끌려가는 장면이고 〈2〉번 사진은 김인태가 도청 정문 안으로 끌려 들어와 인민재판장으로 끌려가는 장면입니다. 도청 밖의 어깨들과 도청 안의 어깨가 일부 중복은 되지만 사진 〈1〉 〈2〉에 나타난 어깨들의 수는 모두 14명 정도로 보입니다. 또한 사진 〈3〉 〈4〉에서 광주시민을 끌고 가는 체포-연행조는 13명 정도로 보입니다. 여기에 체포-연행되어 가는 광주시민이 한 사람 더 보태집니다. 아래 사진〈5〉에서 끌려가는 사람은 당시 30세의 학원 강사 김중식이며 이 사람 역시 사망했습니다. 체포조는 7명으로 보입니다.

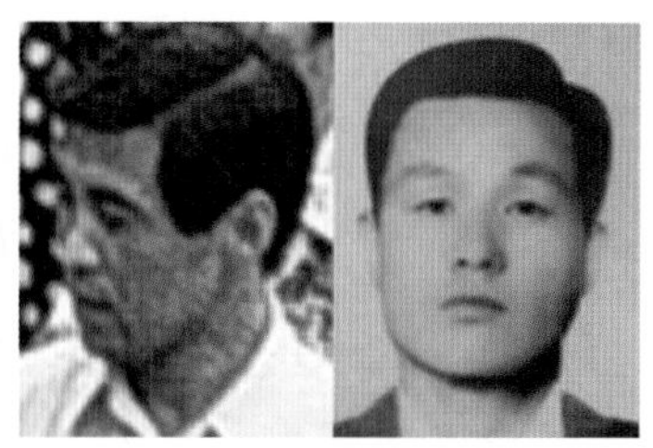

〈5〉 이 사건 도서의 172쪽

(2) 수많은 군중이 지켜보는 앞에서 감히 광주 사람들을 연행하여 즉결 처분을 할 수 있는 광주인은 있을 수 없다는 것이 보편타당한 판단일 것입니다. 이 34명은 북 특수군입니다. 그런데 이 34명이 광주에 침투한 공작원의 전부이겠습니까? 4명의 광주 희생자들을 34명의 괴한들이 도청으로 끌고 가 인민재판을 열고 즉결 처분했다면 도청을 지키는 사령부 경비 부대원들이 있었을 것이고, 도청 안에서 심문을 진행하는 전문 인력이 있었을 것입니다. 적지의 후방 깊숙한 땅에 와서 감

히 도청을 점령하려면 그 인력이 이들 34명밖에 없었겠습니까? 도청 정도의 규모라면 최소한 100명 정도는 돼야 도청 규모의 시설을 자체 방어할 수 있을 것입니다. 이것이 군사전문가로서의 판단입니다. 이들은 도청을 사수하던 최강의 공수부대 5개 대대(2,000명)를 포위 압박하여 1980.5.21.17시경, 광주시 외곽으로 추방시킨 엄청난 군사력입니다. 이들 34명이 이런 엄청난 괴력을 발휘했겠습니까? 일단 도청에서 공수부대를 퇴각시킨 후 그 도청을 점령해서 계엄군의 재진입을 막으려면 134명으로는 택도 없다는 것이 군사적 판단입니다.

도청을 사령부로 사용한 집단 속에는 광주 사람들이 섞여 있을 수 없습니다. 적지에 와서 유격작전-게릴라 작전을 수행하는 북한군 무리가 가장 중시하는 것은 정체를 숨기기 위한 기도비닉입니다. 그들은 북한군이라는 사실을 눈치챘다고 의심되는 사람이라면 흔적없이 처분해야만 했습니다. 위 4명의 광주인들도 그런 의심을 받고 끌려가 사살된 것입니다. 따라서 광주 사람과 북한 사람은 광주의 공간에서 함께 섞여 있을 수가 없었던 것입니다. 섞여 있으면 북한 말씨부터 들통납니다. 따라서 도청의 수비군은 북한군 일색일 수밖에 없습니다. 이 사건 도서 262-268쪽에는 지휘체계가 있는 무장괴한들이 군사활동을 하고 있는 사진들이 30개 커트가 있습니다. 그중 20개만 아래에 옮깁니다.

지휘체계가 갖추어진 무장시민군

20사단 지휘부차량 16대를 탈취하여 이웃 아시아자동차 군납업체로 가는 모습

낱개 실탄을 탄창에
장입하는 모습

수류탄과 다이너마이트 더미에서
수류탄을 골라 박스에 담는 모습

실탄을 탄창에 장입하는 모습

군용트럭을 타이어로 요새화하고 중기관총 장착

보병 무장대를 엄호하고 있으며, 뒤따르는 무장차량대의
가장 앞장서서 전투지휘하고 있다

1호광수가 페퍼포그차 타고 지휘 여러 대의 트럭에 탑승한
어깨들에 중화기 전달

금남로 옥상을 점령한 괴한들

장갑차를 전투대열로 유도

군용트럭에 타고 있는 전투병에 사용 가능한
총기 골라 릴레이 방식으로 전달

경찰복을 착용한 괴한들

도청 내부에서 작전지휘

도청 내로 진입하는 차량 지휘

계엄군으로부터 접수한 도청을 경비

도청 경비

총기를 검사하여 트럭에 대기 중인 전투원에 릴레이로 전달

출동 장면

위 20매의 사진에 나타난 어깨들은 지휘체계를 갖추고, 무전기를 들고, 총을 소지하고, 전투준비를 하고 있습니다. 20개의 사진에 나타난 전투 프로들도 줄잡아 300명 정도는 됩니다. 이들이 광주 사람들이겠습니까? 이 모습이 광주시민들의 모습이라고 판단할 군필자들은 아마 없을 것입니다. 사진 속 주역들을 북한인으로 보느냐 광주인으로 보느냐? 학자이자 육군 대령으로 예편한 [군사평론가]의 인식과 법관의 인식이 다를 수 있습니다. 군사전문가의 판단이 법관의 판단과 다르다 해서 범죄가 될 수는 없다고 생각합니다. 결국 원심은 도서의 위법성을 심리한 것이 아니라 광주에 왔던 북한군의 숫자를 심리한 것입니다. 그 숫자가 600명이 아니라 소수이기 때문에, 숫자가 맞지 않아서

9천만 원 상당의 위자료를 물라고 판결한 것입니다.

소 결

북한 공작원들이 소수로 왔느냐 다수로 왔느냐? 역사의 진실을 규명하는 것은 학자의 영역이지 결코 사법부의 영역이 아닙니다. 피고의 책에 사실로 믿을 만한 근거가 있느냐 없느냐를 가려 불법 여부를 판단하는 것이 재판의 본질이라고 생각합니다. 위에서 피고는 5·18을 북한이 저질렀고, 광주에 와서 활동한 북한특수군이 600명일 것이라고 믿을 만한 충분한 근거를 제시했으며, 이 사건 도서에서는 더 많은 근거를 제시했다고 생각합니다.

6. 이 사건 도서가 5·18특별법 제8조2항에 해당하는지의 여부를 가려주시기 바랍니다.

5·18특별법 제8조2항은 '제1항의 행위가 예술·학문, 연구 · 학설, 시사사건이나 역사의 진행과정에 관한 보

도를 위한 것이거나 그밖에 이와 유사한 목적을 위한 경우에는 처벌하지 아니한다.'고 규정돼 있습니다. 앞에서 설시한 바와 같이 ① 피고가 2008년 최초의 5·18 역사 서적으로 4부작 [수사기록으로 본 12.12와 5·18]]을 발행했을 때, 원고단체들이 고소를 했지만 을2-1에서와 같이 안양지원은 피고의 이 저작물을 학술적 행위라고 판결하였고, ② 본 사건 도서보다 훨씬 부피가 작은 팸플릿 내용으로 국회에서 4시간 동안 발표한 사실에 대해, 설훈 등 국회의원들이 고소를 했지만 을12호증의 1, 2, 3에서와 같이 서울남부지방검찰청은 학술 내용이라며 불기소하였습니다.

그런데 매우 놀랍게도 원심은 이 사건 도서가 학술 내용이 아니라고 판단합니다. 원심판결서 제16쪽 하단에 전개되어 있는 판단의 논리가 학자의 자존감을 유린할 만큼 적대적이고 모욕적이었습니다. 원심은 기재하였습니다. ① 피고는 철학박사 학위를 받았다. ② 이 사건 도서 내용이 피고의 학력 및 경력과 연관이 있어 보이지 않는다. ③ 이 사건 도서의 내용이 학술의 반열에서 있다고는 도저히 보기 어렵다. 학술서적으로 보기에는 질이 매우 낮다는 의미로 읽힙니다. 법관이 학자의 자질을 평가한 것은 도저히 있을 수 없는 모욕행위입니다. 아울러 이는 학계 전체에 대한 모욕이 아닐 수 없습니다. 원심은 또 피고가 가장 취득하기 쉽다는 것으로 인식돼있는 [철학박사] 학위를 받았다(판결서 16쪽 하 7행)고 서술하였습니다. 하지만 피고는 2025.6. 경 최후서면 19쪽에서 피고가 미국에서 물리학과 함께 학위취득이 가장 어렵다는 시스템공학을 전공했고, 수학공식 2개와 수학정리 6개 그리고 미 항공모함 출동시 창고에 적재해야 할 수리부품 최적량을 계산하는 매머드급 알고리즘을 발명했다는 이유로 학교 창설 이래 최고의 천재로 전설화되어 있다는 점을 설명하였습니다. 이는 피고를 내세우려는 설명이 아니라 일반적인 선입견에 의해 피고의 저작물들을 허투루 평가하지 말아 달라는 뜻입니다. 그런데도 원심은 노골적으로 피고의 학력과 경력을 비꼬고 조롱하는 듯한 표현으로 판결문을 썼습니다. 원심은 도서의 불법성을 따지는 것이 아니라 학자가 쓴 도서의 질이 낮아 도저히 학설로 인정할 수 없는 수준으로 저급하다는 점을 부각시킨 것입니다.

7. 권영해 전 안기부장 등 국가적 공적 존재들이 무더기로 광주에 의해 고발당했습니다. 이 고발사건이 수사되고 판결되기 전까지 [북한 개입] 표현은 결코 허위사실의 적시가 될 수 없습니다.

① 5·18기념재단과 광주시장이 공동하여 2024.10.경 권영해 전 안기부장을 [허위사실 유포] 혐의로 고발하였습니다.

한겨레
https://www.hani.co.kr › arti › area › honam

'5·18 허위사실 유포' 권영해 전 안기부장 고발

2024. 10. 31. — 5·18기념재단과 광주광역시가 5·18민주화운동에 대한 허위사실을 유포한 혐의로 권영해 전 국가안전기획부장과 허아무개 기자를 고발했다.

아울러 권영해 증언을 공유하여 현수막을 걸었던 고영주 자유민주당, 민경욱 가가호호당 대표 등 정치인들도 고발을 당했습니다. 고발은 광주시장과 5·18기념재단 이사장이 주도한 것이고, 피고발인들은 국가 중

책을 담당했던 책임감 있는 공적 존재이기 때문에 이 고발사건은 언제든 조사되고 재판되어야 할 것입니다. 따라서 이 고발사건에 대한 재판이 종료되기 전까지 피고의 학술적 의견(학설)은 허위사실이 될 수 없습니다.

8. 광수 얼굴과 북한 얼굴이 동일인이라고 믿은 이유를 밝히고자 합니다. 정말로 빼닮은 두 얼굴을 데칼코마니(판박이)라고 생각한 것이 범죄일 수는 없습니다.

누구에게든 사진 한 장을 주면서, 억만금을 줄 테니 이 사진과 비슷해 보이는 얼굴을 하나만 찾아오라 하면 10년이 가도 비슷한 얼굴을 찾아내지 못합니다. 그런데 노담이 이끄는 8명의 팀은 컴퓨터를 이용하여 만3년에 걸쳐 661명의 광수, 데칼코마니를 찾아냈습니다. 광주 현장 얼굴 하나하나를 확대시켜, 그 각각을 북한 인물 DB에 연결해놓고, 컴퓨터로 하여금 661명의 북한 얼굴을 찾아내게 한 것입니다. 이러한 방법은 최근에 대두된 안면인식 과학으로 을77에 의해 안면인식 과학의 정석인 것으로 증명되었습니다. 이에 반해 원심의 판결은 심히 원시적이고 반-과학입니다. 원심은 동일인은 사진을 육안으로 판단해야 하며, '**화질, 촬영 각도, 조도, 파사체의 동작과 표정, 종합 크기**'를 종합하여 일일이 육안으로 판단해야 한다고 판결하였습니다. 우주 탐험시대에서 청동기 시대의 인류를 보는 듯 심히 한심합니다. 피고가 서면마다 중복해서 설명을 했는데도 독해조차 제대로 하지 못합니다. ① 원심은 컴퓨터가 **화질, 촬영 각도, 조도, 파사체의 동작과 표정, 종합 크기**" 등을 종합적으로 평가하는 기계인 것으로 착각합니다. 참으로 부끄러운 컴맹이 아닐 수 없습니다. 사법부가 아무리 옛날의 임금님 같은 [무결점]의 권위를 인정받고 있다 해도 이런 실력으로 학자의 연구를 함부로 재단하라는 뜻은 아닐 것입니다. ② 원심의 개념대로라면 이 세상 그 누구도 10년이 가도, 20년이 가도, 661명 중 단 1명의 데칼코마니를 찾아낼 수 없을 것입니다.

노담이 컴퓨터로 검색해낸 661명의 광수 중 일부를 여기에 다시 옮깁니다. 피고는 아래에 제시된 커플 모두가 [데칼코마니] 그 자체라고 믿고 있습니다. 재판부가 진실 여부를 과학적으로 규명하는 존재가 아닌 한, 피고가 아래 사진들을 보고 동일인(데칼코마니)이라고 믿은 사실을 위법하다 판단할 수 없다고 생각합니다. 피고는 아래 사진을 보는 거의 대부분의 사람들이 빼닮은 사진들에 대해 놀라움을 표할 것이라고 확신합니다.

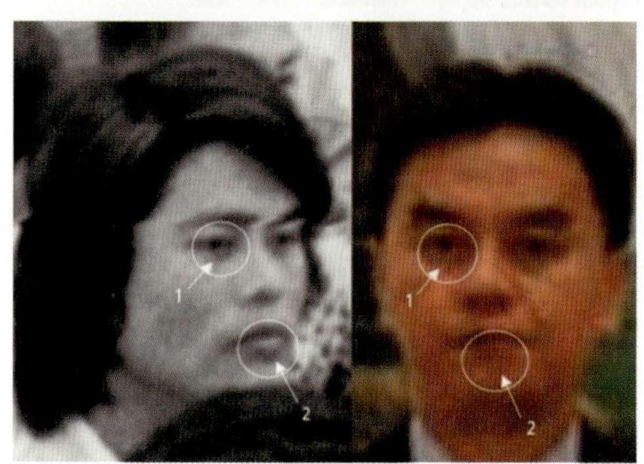
1
2
1
2

제570.571.572광수

Uganda President Yoweri Museveni, right, receives Democratic People's Republic of Korea Vice Minister for People's Security, Ri Song Chol, left. Friday June 14, 2013.
Photo / Stephen Wandera for NK News

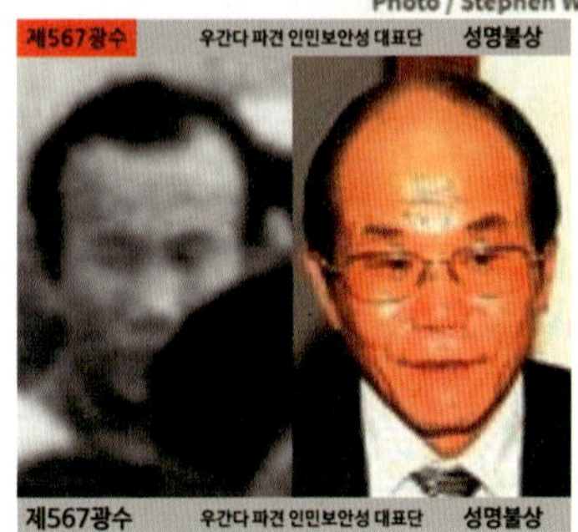

제529광수
북한 경공업상
최일룡
제518광수
북한 평창예술단 행정 부단장
김순호

제508광수
북한 외교관
성명불상

제508광수
북한 외교관
성명불상
제585광수
파키스탄 카라치 주재 북한 무역참사
강성군

제502광수
북한 외무성 북미국장
최선희

Main picture: Deputy Minister of Foreign Affairs and International Cooperation, Hon. Rhythm J. Maalim greeted by the Acting Ambassador of the Democratic People's Republic of Korea following the death of Kim Jong Il, Ministry of Foreign Affairs and International Co-operation, Tanzania

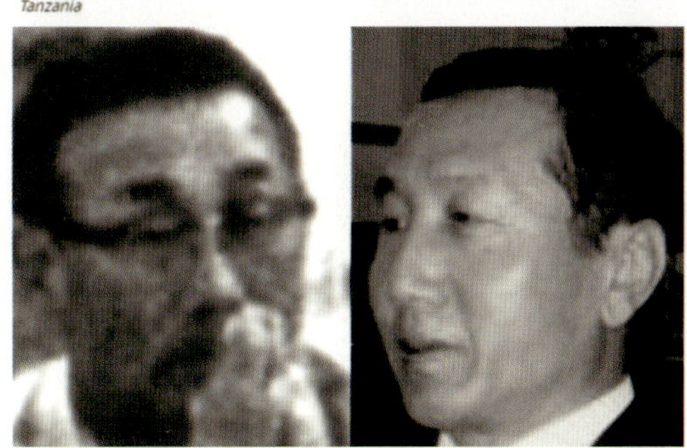

제522.523광수
523
522
517
515
516
제522광수
북한 평창선발대 대표단
성명불상
제523광수
북한 평창선발대 대표단
성명불상

제545.546.547광수
545
546
547

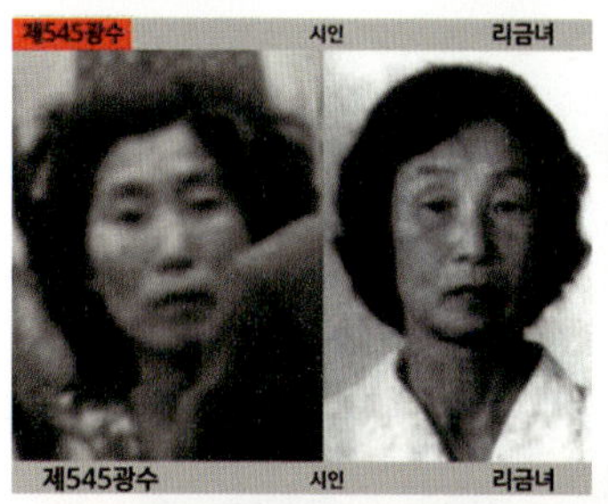
제545광수 시인 리금녀
제545광수 시인 리금녀

제546광수 인민군 군부대 부사령관 김득수

제543.544광수 만수대예술단 지휘자 허문영. 장룡식
543
544
제543광수 만수대예술단 지휘자 허문영 (당시 17세)

제575광수
조각가
지청룡

제561광수
외무성 인권대사
리흥식

제558.559.560광수
558
560
559

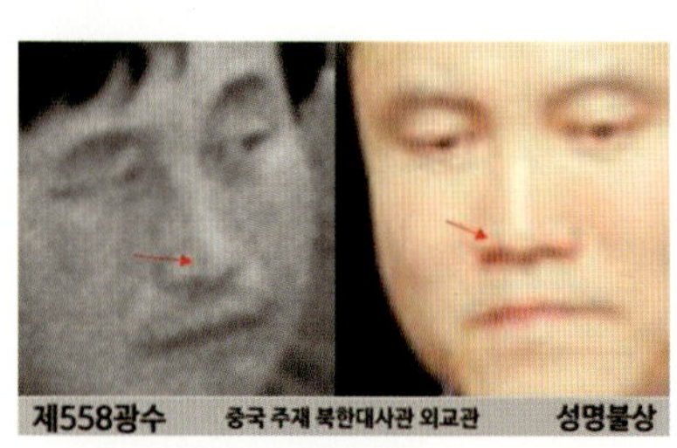
제558광수
중국 주재 북한대사관 외교관
성명불상

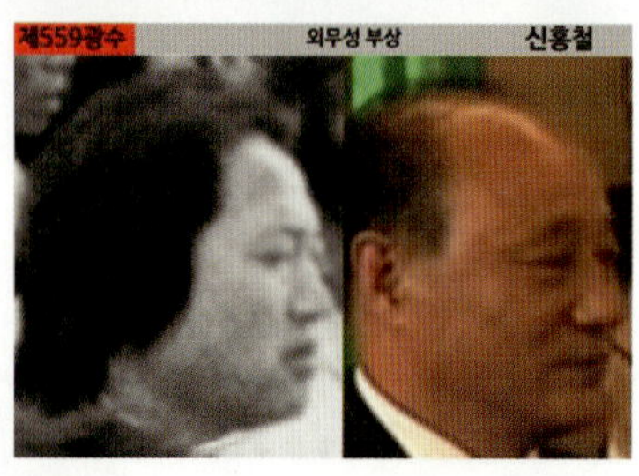
제559광수
외무성 부상
신홍철

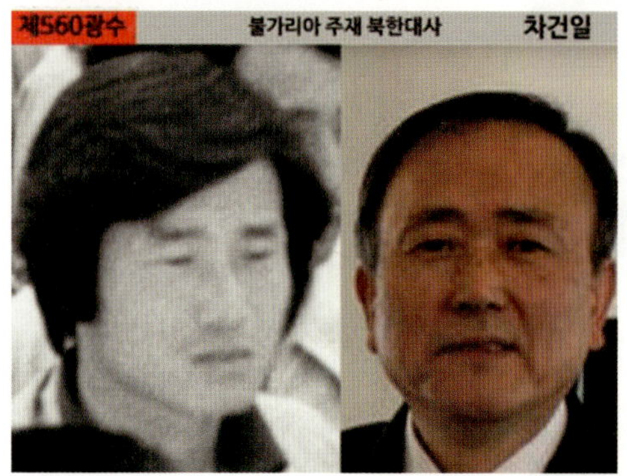
제560광수
불가리아 주재 북한대사
차건일

제555.556.557광수
557
556
555

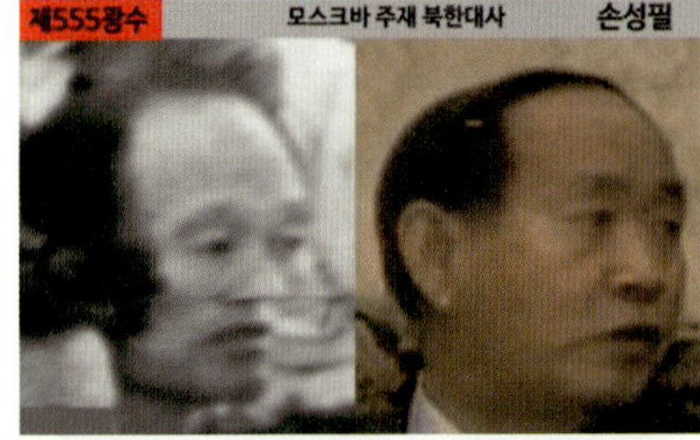
제555광수
모스크바 주재 북한대사
손성필

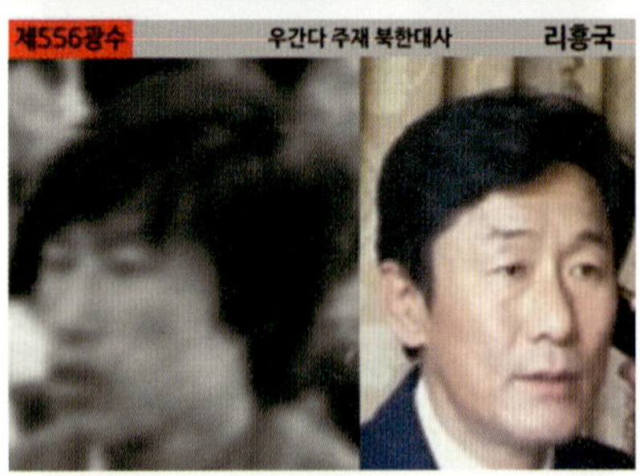
제556광수
우간다 주재 북한대사
리흥국

제526광수
유엔주재 북한대표부 차석대사
김인룡

9. "개인 원고는 모두 광수다" 이것이 원심의 독재적 판단입니다. 여기에는 위헌적 불법이 있고, 비-과학적 잣대가 동원되었습니다.

1) 원심의 판단 요지는 노담의 기하학적 분석이 을76, 국과수 기준과 상이하기 때문에 불법이라는 것입니다. 결론부터 말씀드리자면 2016년의 국과수 감정은 10년 전의 무지를 반영한 것입니다. 피고는 누차에 걸쳐 2살 때 찍은 사진으로 34세의 성인을 찾아 생부모에 안겨주었다는 등 유사한 보도들을 제시하면서 '**화질, 조도, 촬영 각도, 자세, 크기 등에 의해 동일인 여부를 판단해야 한다**'는 국과수의 감정 내용이 잠꼬대와도 같은 반-과학이라는 점을 여러 차례 설명하였습니다. 그런데도 원심은 10년 전의 국과수 감정 내용만이 바이블이라고 고집하였습니다. 그리고 원심은 노숙자담요가 제시한 [기하학적 분석]이 10년 전의 국과수 감정 내용과 같지 않다며 허위라고 판단하였습니다. 여기에서 피고는 평등의 원칙을 꺼내고자 합니다. 피고는 광주 현장 사진 속 얼굴과 북한인의 얼굴이 같다는 것을

증명하기 위해 [기하학적 분석]을 내놓았고, 얼굴의 생김새와 부분 부분에 대한 미시적 유사성을 자세히 설명했지만, 원고는 광주 현장 사진 속 얼굴과 본인의 얼굴이 같다는 것을 주장하는데, 아무런 근거를 제시하지 않았습니다. 오로지 **"광수가 나다. 내가 내 얼굴 모르겠느냐"** 이 주장 하나로 승소하였습니다. 원심은 논리적 근거를 제시한 피고의 주장은 허위라 하고, 아무런 근거를 제시하지 않고 단지 "내가 내 얼굴 모르겠느냐" 이 하나만 주장한 원고의 주장을 진실한 사실이라고 하였습니다. 네로의 엄지손이 오버랩됩니다.

원심은 을76의 국과수 잣대를 피고에게만 적용하고, 원고에게는 적용하지 않았습니다. 원심이 광주 사람과 경기도 사람을 차별한 것입니다. 헌법11조의 위반입니다. 원심은 국과수 감정서에 따라 1980년 사진은 화질과 조도 등이 조악하여 30년 이후의 고화질 사진과 동일인 인증용도로 비교하는데 사용할 수 없는데도 불구하고 노숙자담요가 1980년 광주 사진을 북한 인물과 동일인이라고 주장하는 데 사용한 것이 불법이라 하였습니다. 그런데 사용해서는 안 된다고 한 그 1980년 현장 사진을 원고들이 본인과 동일인이라는 것을 주장하기 위해 사용하는 것은 [허용]하였습니다. 있을 수 없는 차별입니다 "이게 뭡니까?" 김동길 박사의 해학적 표현이 떠오릅니다.

이 사건 [광수] 주장에 대한 원심의 판단은 판결서 14-15쪽에 있으며, 그 요지는 아래와 같습니다. 한 마디로 반-과학적인 답답한 벽창호 같다는 생각만 납니다. ① 노숙자담요(이하 노담)는 기하학적 도면을 이용한 컴퓨터 안면인식용 프로그램을 가지고 북한 얼굴을 찾아냈다고 하지만 이는 을76의 국과수 감정 내용과 다르기 때문에 신뢰할 수 없다. ② 피고는 '광수'(광주 현장에 출현한 북한인)를 찾아낸 과정이 컴퓨터 안면 인식 프로그램을 이용한 것이라 주장하고, 컴퓨터가 동일인을 인식하는 메커니즘은 얼굴의 각 부위에 점을 찍고 이를 연결해서 형성되는 [기하학적 패턴]이라고 주장하며, 광수 얼굴 하나하나를 북한인물 DB에 연결하여 동일한 패턴을 가진 북한 얼굴을 검색해내는 방법으로 동일인을 찾아냈다고 주장하지만, 피고는 오직

기하학적 도형이 유사한 모양을 가지고 있다는 점을 근거로 광수가 북한 사람들과 동일하다고 주장하는 데 불과하고, 피고가 주장하는 '기하학적 패턴'에 관한 과학적인 근거가 없다. ③ 피고는 광주현장 사진에 나타난 얼굴과 북한 얼굴을 나란히 제시하고 양 얼굴이 일부 유사한 보임을 근거로 두 인물이 동일인이라고 주장한다. ④ 노담의 안면인식 기술이 블레드소가 개발한 안면인식 기술(을77)과 동일하다는 증거가 없다. ⑤ 안면인식의 전문기관은 국과수인데, 국과수는 감정서(을76)는 화질이 낮아 30년 시차를 가진 두 개의 사진을 놓고 동일인 여부를 판단할 수 없다고 하였다. ⑥ 피고의 주장은 비교 대상 사진의 **화질, 촬영 각도, 조도, 파사체의 동작과 표정, 크기** 등을 고려하지 않는 비-전문적인 결과일 뿐이다.

2) 위 1)항의 판결내용을 보면 원심은 안면인식 보도자료에 대한 소화능력이 턱없이 부족합니다. 그리고 안면인식 과학을 학습한 과학자를 향해 논리가 없다고 억지를 씁니다. 위 6개의 판단 기준을 보면 원심은 안

면인식에 대해서는 물론 증거자료의 의미조차 제대로 이해하지 못하고 있습니다. 지면의 경제성을 위해 을80-84에 제출돼있는 자료의 요지를 요약합니다.

을80: “두 살 때 찍은 사진을 가지고 34세의 성인을 동일인으로 찾아냈다.” 32년 전후의 화도가 전혀 문제되지 않았습니다.

을81: “현재의 증명사진으로 25년 전의 탈옥수를 체포했다.” 25년 전후의 화질 차이가 전혀 문제되지 않았습니다.

을82: “칠흑 속에서 마스크까지 쓴 사람 누군지 알아맞춘다.” 화질이 문제되지 않고, 일부만의 얼굴을 가지고도 동일인을 찾아낸다는 뜻입니다.

‘을83: “2019년 국과수, 옆얼굴만 찍혀도 누군지 알아내는 기술을 개발했다.” 원심이 강조한 촬영 각도가 전혀 문제되지 않습니다.

을84: “얼굴만 대면 은행 결제 끝” 얼굴로만 은행결제를 한다고 합니다. 원심이 말한 동작이나 자세가 문제되지 않습니다.

위 5개 뉴스는 피고의 준비서면에 제출돼 있습니다. 이 5개만 제대로 읽어도 원심은 위와 같은 엉뚱한 판단들을 하지 않았을 것입니다. 안면인식용 컴퓨터는 원심의 판결과는 매우 달리 '화질, 촬영 각도, 조도, 파사체의 동작과 표정, 크기' 등을 판단하지 못합니다. 위 원심 판결 문구는 그 자체로 전근대적인 무식에 해당합니다. 컴퓨터는 오로지 기하학적 패턴(핸드폰 비밀패턴과 유사) 만을 인식합니다. 엄지 지문을 컴퓨터가 인식-판독하는 원리도 이와 동일합니다. 컴퓨터는 엄지 지문의 곡선들을 읽지 못합니다. 곡선의 변곡점들을 직선으로 이어서 연결한 기하학적 도면(패턴)만을 인식합니다(pattern recognition). 컴퓨터가 검색어를 인식하는 것도 패턴으로 전환해서 인식합니다. "화질, 촬영 각도, 조도, 파사체의 동작과 표정, 크기 등을 종합 분석해야 한다"는 원심의 인식이 너무 황당하게 무식합니다. 원심의 판결 그대로 종합적인 판단을 하는 컴퓨터는 이 세상에 없습니다.

3) 불레드소(을77)의 안면인식 방법이 노담의 방법과 일치하지 않는다는 원심판결에 대하여.

을77의 주요 내용을 캡처합니다.

▶블레드소가 얼굴 인식 프로그램 개발에 나선 것은 미 중앙정보국(CIA)이 위장회사를 통해 연구비를 대고 개발을 요청했기 때문이었다. 2차원 평면의 '문자' 인식도 어려운 당시에 3차원 '얼굴' 인식은 상상 속에서나 머물던 기술이었다. 같은 사람의 얼굴 사진도 표정이며 헤어 스타일, 촬영 각도와 시점에 따라 천양지차다. 컴퓨터가 인식하기 어렵다는 회의론이 지배적이었다.

▶블레드소는 사람 얼굴을 눈, 귀, 코, 눈썹, 입술 등 주요 부위 간의 위치 관계로 데이터화하는 발상의 전환으로 한계를 돌파했다. 얼굴 각도가 바뀌어도 각각의 좌표를 비교 분석해 같은 사람인지 확인하는 방식이다. 여기서 시작한 컴퓨터의 얼굴 인식은 법 집행기관의 사진 데이터베이스와 머그샷(피의자 인상착의 사진)의 동일 인물 여부를 확인하는 용도 등으로 쓰이면서 사용 범위가 확대돼왔다.

"1967년, 미 CIA가 수학자인 블레드소에게 얼굴로 사람을 인식하는 방법을 개발해 달라 의뢰했고, 블레드소는 얼굴 부위의 상대적 위치과 각도가 반영된 기하학적 도면이 사람마다 다르다는 사실에 착안하여 안면 인식 컴퓨터프로그램을 개발했다. 이후 법집행기관은 머그샷을 가지고 수많은 얼굴이 저장돼있는 사진DB에서 동일인을 찾아내오게 하는 방법으로 범인을 특정할 수 있었다. 육안 인식은 과학적 증거로 사용될 수 없다." 이런 요지입니다.

4) 원심의 헌법 위반 사실 두 가지를 제기합니다.

(1) 원심은 피고의 주장을 탄핵하기 위해서 을76의 국과수 잣대를 적용하고, 원고의 주장을 옹호하기 위해서는 을76의 국과수 잣대를 버리고 자의적 잣대를 적용하였습니다.

헌법 제11조가 규정한 평등권이 살아있다면 원심은 평등권을 침해한 것이 됩니다. 피고에게 죄를 주기 위해 원심은 1980년 현장 사진(광수)은 화질이 낮아 동일인 판단 용도로 사용할 수 없다며 피고의 주장을 허위사실로 규정했습니다. 반면 원고의 손을 들어주기 위해 원심은 ① 화질이 조악하다는 1980년의 사진도 원고와의 동일인 인증 용도로 사용하도록 허용했고, ② 한발 더 나아가 그 1980년 사진보다 훨씬 더 조악한 사진까지도 동일인 인증 용도로 사용할 수 있도록 허용하였습니다. 판단이 언어도단입니다. 헌법 제11조를 위반한 것입니다. 원심이 동일인이라고 제시한 사진과 피고가 동일인이라고 제시한 사진을 아래에 전시합니다. 이 두 개의 경우만으로도 원심의 판결은 배제돼야 할 것입니다.

① 원고 박철의 경우: 원심은 아래 두 얼굴이 동일인이라고 판단하였습니다.

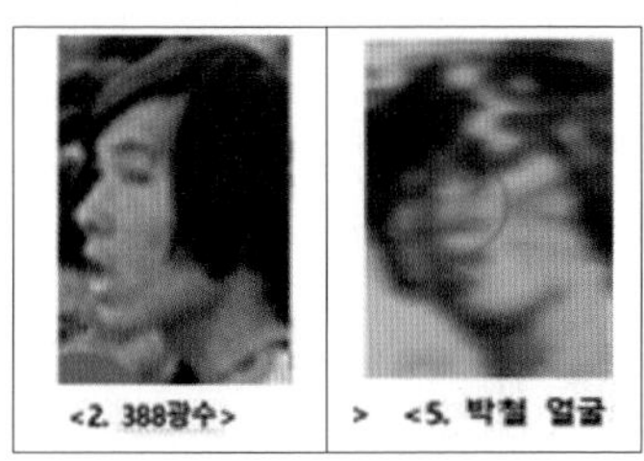

좌측 얼굴은 광주 현장 얼굴이고 우측 얼굴은 1980년에 촬영했다는 원고 박철의 얼굴입니다. 우측 박철의 얼굴은 그 형체가 너무나 일그러져서 서울중앙지방법원 김경진 판사님은 을17에서와 같이 사진 판독 자체가 어려우니 판독이 가능한 사진을 제출하라 명하셨지만 원고와 검찰은 재판장님의 명령을 무시했습니다. 원심은 국과수 감정서가 가장 중시한 [화질]을, '동일인 여부를 가리는 핵심 요소'라 정의하였습니다. 이렇게 정의해놓은 원심은 실제로는, 좌측의 1980년 화질보다 그 화질이 훨씬 더 불량한 우측 사진을 광수 사진과 나란히 놓고, 두 얼굴이 동일인이라 판단하였습니

다. 미친 황제 [네로] 말고 이 세상 그 누가 위의 두 얼굴을 놓고 동일인이라고 인식하겠습니까? 이런 식이라면 증명사진의 용도는 폐기돼야 할 것입니다. 피고를 생각이 없는 미물 정도로 취급하기 전에는 있을 수 없는 법적 횡포입니다. 노담은 좌측 사진을 안면인식용 컴퓨터에 입력한 후, 컴퓨터로 하여금 북한인물 DB에서 동일인을 검색해 우측 사진을 검색해내게 하였습니다. 그 결과가 아래 얼굴입니다.

<2. 388광수> <3.북한 장관 문용조>

② 원고 고 채승석의 경우 : 원심은 아래 두 얼굴이 동일인이라고 판단하였습니다.

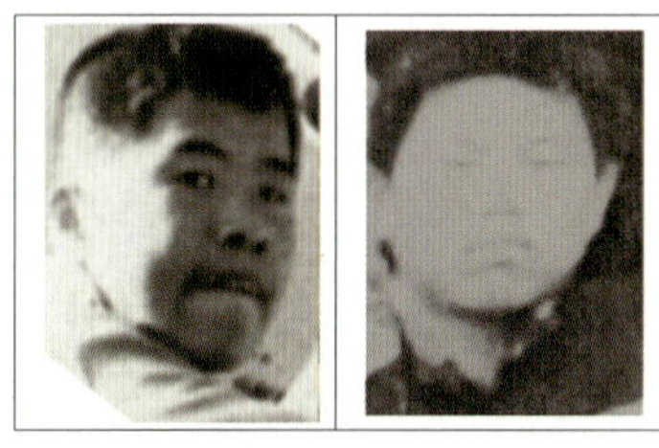

204광수 원고 채승석(18세)

좌측 얼굴(204광수)은 1980년 광주 현장 사진입니다. 우측 얼굴은 원고 고 채승석(당시18세)의 얼굴입니다. 위 우측 채승석 얼굴의 화질은 좌측의 1980년 사진보다 훨씬 더 열악합니다. 광주법관들의 육안에는 위 채승석의 뿌연 얼굴이 204광수와 데칼코마니로 보인다 합니다. 반면 노담이 안면인식 컴퓨터를 통해 검색한 동일인은 아래 우측 얼굴입니다. 피고의 눈에는 아래 두 얼굴이 데칼코마니로 보입니다.

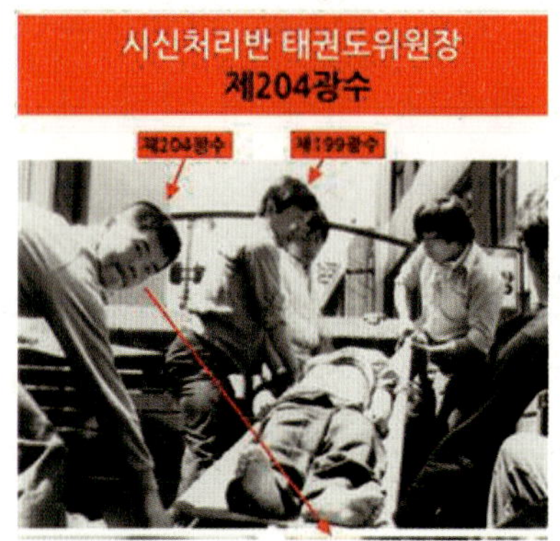

204광수 북한 태권도위원장

원심은 을24(을76)의 국과수 감정서를 바이블로 하여, 1980년 사진(광수)은 화질이 너무 조악해서 30년이 경과한 사진과 동일인 여부를 가리는 목적으로 사용될 수 없다는 것을 잣대로 하여 노담이 1980년 사진을 가지고 북한인과 동일인임을 비교하는 것은 어불성설(을 62)이라 하였습니다. 피고에 대해서는 이렇게 준엄하게 불법성을 설명해 놓고, 원고가 똑같은 1980년 사진(광수)을 본인의 얼굴이라고 주장할 때에는 1980년 사진을 동일인 인증 용도로 사용하게 허락하였습니다. 원심은 원고는 성골, 피고는 노예로 차별하였습니다.

(2) 피고는 광수들이 북한인물이라는 점을 증명하기 위해 안면분석 교과서에 따라 안면 비교분석 자료를 을 43-45에 걸쳐 정성껏 제출한 반면, 원고는 아무것도 제출하지 않고, 오로지 "내가 광수다. 내가 내 얼굴 모르겠느냐?" 이 한마디로 승소하였습니다. 엿장수식 제왕적 마구잡이 판단이며 이 역시 헌법 11조의 위반입니다.

결 론

1. 이 사건 1, 2심은 ① 민사소송법 관할규정을 무시하고, ② 피고가 등원할 수 없는 적대지역 안에 있는 재

판소가 피고의 출석이 없는 재판을 ③ 제척 규정을 어겨가면서까지 아버지의 입장에서 아들의 사건을 재판한 파렴치하고 위법한 재판이었습니다. 이부진 사건의 전례에 따라 2심부터라도 다시 정당한 관할법원에서 재판받게 해주시기 바랍니다.

2. 1,2심 모두 집단표시에 의한 대법원 판례를 무시하고 원고 자격이 없는 단체원고들에게 승소판결을 해주었습니다. 여기에 더해 원심은 파렴치한 소매치기식 속임수까지 동원하였습니다. 피고가 주장하지도 않는 엉뚱한 4개의 판례를 피고가 주장하였다고 거짓 판결을 하고, 이 4개의 판례는 이 사건에 직접적으로 적용되지 않는 판례라고 판결하였습니다. 법원이 사기 재판을 한 것입니다. 개인원고들에도 원고 자격이 없습니다. 피고는 1980년의 광주 현장 사진 속 얼굴이 북한 사람의 얼굴이라 했지 개인원고들의 얼굴이라 하지 않았습니다. 을17에서 서울중앙지법 김경진 판사님은 "피고인은 광주 사진 속 얼굴이 북한 얼굴이라 했지, 광주 사람의 얼굴이라 하지 않았다. 그런데 검사는 무

슨 근거로 사진 속 얼굴이 광주시민의 얼굴이라고 단정하느냐, 그 근거를 제시하라." 검사에게 촉구했지만 검사는 이 명령을 무시했습니다.

3. 원심은 피고의 도서가 [사실]과 [의견]으로 채워져 있다 하면서도. 그 사실과 그 의견이 모두 5·18의 명예를 훼손하는 방향으로 구성돼 있기 때문에 5·18의 명예를 훼손하였다 합니다. 이 기상천외한 판결이 인정된다면 대한민국의 명예훼손 관련 법률들은 처음부터 다시 써야 할 것입니다.

4. 원심은 북한군이 개입은 하였는데 그 수가 10명 내외라 하였습니다. 피고는 ① 4개의 남북한 문헌에 600명이라는 숫자가 있는 것을 근거로, ② 광주 현장 사진 속에 나타나 있는 전투매니어들의 숫자를 근거로 600명이라는 판단을 하였습니다. 숫자에 대한 판단이 학자와 법관 사이에 차이가 난다고 해서 이것이 범죄일 수는 없습니다. 숫자에 대한 [판단]은 [연구]이고 그래서 학자의 영역입니다. 법관은 범죄의 의도가 개입됐는가에 대한 여부만 판단하는 직책에 있는 존재일 뿐,

[연구자]가 아닙니다.

5. 학자의 몫과 법관의 몫을 명백하게 규정한 후 판단해 주시기 바랍니다. 역사에 대한 해석은 학자의 몫이고, 법관의 몫은 범죄에 대한 해석입니다. 법관은 역사의 진실을 판단하는 존재가 아니라 피고의 책에 범의가 내포돼 있는지, 학자의 역사 해석이 정당하다고 믿을 만한 상당한 근거가 있는지에 대해 살피는 존재일 것입니다. 그런데도 불구하고, 원심 법관들은 학자의 역사 해석을 도마 위에 올려놓고, 법관의 역사관을 잣대로 하여 [학자의 역사 해석]을 심판하였습니다. 법관의 역사 해석만이 정당하고, 학자의 역사 해석을 허위라고 판단하였습니다. 세상이 비웃을 월권입니다.

6. 이 사건 도서는 학술서이므로 5·18특별법 제8조2항에 해당하여 죄가 되지 않습니다.

7. 권영해 전 안기부장은 5·18은 북한이 통일 차원에서 주도한 군사작전이었고, 그 과정에서 북 특수군 490명이 사망했다는 요지의 구체적 증언을 하였습

니다. 이에 5월단체와 광주시장이 고소를 하였고, 수사 담당이 배당되었습니다. 이 형사 사건이 종결될 때까지 피고의 [북한 개입] 표현은 죄가 될 수 없습니다.

8. 노담이 안면인식 프로그램이 내장된 컴퓨터로 661명의 광수 얼굴을 북한에서 찾아낸 노력에 대해 대한민국 국민이라면 감사한 마음을 가져야 마땅할 것입니다. 그리고 노담이 컴퓨터로 검색한 661명의 얼굴 모두는 피고에게 데칼코마니로 인식되었습니다. 을77에서의 블레드소는 수학자이며 피고 역시 응용수학자입니다. 그래서 을77의 기사를 100% 이해하고 신뢰합니다. 아울러 노담의 기하학적 분석이 을77의 불레드소가 개발한 프로그램과 일치하지 않다는 원심판결은 원심의 이해력과 논리력에 상당한 장애가 있다는 증거입니다.

9. 원고들과 광주법관들은 합동하여 5·18 팔이를 하고 있다는 생각을 지울 수 없습니다. 원심은 피고가 한 쌍으로 나란히 배열한 광수 얼굴과 북한 얼굴 사이

에 기하학적 도면이 비슷해 보이고, 얼굴의 부분들이 서로 비슷해 보인다는 사실까지를 인정하였습니다. 그런데 이 사건 개인원고들은 자기 얼굴이 광수 얼굴과 동일하다고 주장하면서도, 기하학적 도면도 그리지 않았고, 그 어떤 과학적 근거도 제시하지 않았습니다. 얼굴 모양이 비슷해 보이는 곳이 전혀 없는 데다 제출한 사진들의 해상도가 1980년 현장 얼굴 사진에 비해 형편없이 조악합니다. 이런 험한 사진 옆에, 화질이 조악하여 본인 인증 용도로 사용될 수 없다고 판단했던 그 1980년 사진을 나란히 놓고, 동일인이라고 판단해준 광주법관들에 심한 불쾌감마저 듭니다. 5월단체들과 개인원고들과 광주법관들이 일치단결하여 5·18로 장사를 하고 있다는 것, 사기를 쳐서 금원을 갈취하고 있다는 것이 피고의 솔직한 생각입니다.

10. 피고의 상고 취지를 인용하여 주시기 바랍니다.

입증 증거

을90. 오마이뉴스 2016.5.20. 극우논객 지만원은 왜 멱살을 잡혀야 했나

https://www.ohmynews.com/NWS_Web/View/at_pg.aspx?CNTN_CD=A0002211072&CMPT_CD=SEARCH

을91. 490명 명단

을92. 뉴스타운 2015.7.12. '제37광수 박승원 상장' 이미 정부합동심문 조사 완료

https://www.newstown.co.kr/news/articleView.html?idxno=213274

을93. 대법원 2014. 4. 24. 선고 2013다74837 판결 [손해배상(기)]

https://casenote.kr/%EB%8C%80%EB%B2%95%EC%9B%90/2013%EB%8B%A474837

을94. ② 연합뉴스 2013.1.10.   을86과 중복

'5 · 18은 DJ가 일으킨 내란' 보수논객 지만원 무죄 [대법원확정판결 보도]

https://www.yna.co.kr/view/AKR20130110090900004

을94. 연합뉴스 2008.10.22. [5·18단체들이 소송한 사건이라는 사실 명시]

5·18단체 "이종윤 목사는 왜곡발언 사과하라"

https://www.yna.co.kr/view/AKR20081022213200054

을95. 연합뉴스 2011-01-20 보수논객 지만원 '5·18 명예훼손' 무죄〈안양지원〉[피고를 형사사건으로 고소한 고소인들이 5·18단체였다는 사실을 증명]

https://www.yna.co.kr/view/AKR20110120076600061

을96. 피고의 5·18저서 14권

2025.11.20.

피고(상고인) 지만원

대법원 제1민사부 귀중

제87광수
보건사업진

제3장

상고이유 보충서

제3장 상고이유 보충서

원고(피상고인) 재단법인 5·18기념재단 외 11
피고(상고인) 지만원

위 상고인은 다음과 같이 상고이유를 보충합니다.

원고 측 답변서의 요지

1. 이 사건 관할법원은 민사소송법 제8조에 따라 광주법원에 관할권이 있다.

2. [북한군 개입] 표현에 대하여 5·18 단체나 개인은 [집단표시에 의한 명예훼손]에 관한 대법원 판례를 적용받는 대상이 아니라 [5·18민주화유공자예우 및 단체설립에 관한 법률] 제55조의 적용

대상이 돼야 한다.

3. 피고의 이 사건 도서가 학술서적이 아니라는 데 대한 판단은 이미 사실심에서 다루어졌기 때문에 법리심인 상고심의 판단 대상이 아니다.

4. 피고는 이 사건 도서에서 당시 광주 현장에서 촬영된 사진 속 인물들이 북한 인물과 동일인이라 주장했고, 5·18이 북한군이 주도한 폭동이라고 주장하였지만 이 모두는 허무맹랑한 허위사실이다.

5. 피고는 이 사건 도서 기재 내용이 사실적시가 아니라 의견에 불과하다고 주장하지만, 피고의 사실적시와 의견은 대법원 2015.9.10. 선고2013다26432 판결 등에 의해 명예훼손에 해당한다. 특히 피고는 '북한군 특수부대원 600명이 광주에 침투했다', '김일성의 지령을 받아 광주교도소를 5회 공격했다'고 표현한 것과 개인 원고들의 사진을 북한 보위관료들 사진과 나란히 게재한 것은 학술서적에 해당하지도 않고 학자의 의견이라고 인정

할 수도 없다.

6. 피고의 저술행위는 공공의 이익을 위한 것이 아니라 오로지 5·18의 숭고한 명예를 훼손하기 위해 수많은 5·18관련 서적들을 반복하면서 집요하게 범한 범죄행위로밖에 볼 수 없다. 피고가 발행한 수많은 5·18관련 도서들에는 전문성이 없고, 진실이라고 믿을 만한 '상당한 이유'가 전혀 기재돼 있지 않다.

피고 측 반론

1. 원고 측 주장 1항에 대해여

원고는 주장합니다. "이 사건 관할법원은 민사소송법 제8조에 따라 광주법원에 관할권이 있다."

이 부분은 재판적에 관한 확실한 잣대를 정하는 매우 중요한 법률사항입니다. 원고 측의 주장을 보면 아직도 명예훼손으로 인한 손해배상 사건의 관할법원이 확실히 규정돼 있지 않고, 이현령비현령 상태로 방치돼 있다는 생각이 듭니다. 원고 측 주장대로 이 사건이 민사소송법 제8조(**재산권에 관한 소를 제기하는 경우에는 거소지 또는 의무이행지의 법원에 제기할 수 있다.**)의 적용 대상이라면 그동안 모든 명예훼손 관련 민사소송 사건 모두는 제2조(**소는 피고의 보통재판적이 있는 곳의 법원이 관할한다**)에 의해 관할법원이 정해진 것이 아니라 제8조에 의해 관할법원이 정해졌어야 옳습니다. 하지만 심지어는 광주지방법원 제21민사부까지도 2024년에 출판물에 의한 명예훼손 손해배상 사건의 관할법원이 피고의 거주지 관할법원인 수원지방법원 안양지원이라고 결정한 바 있듯이(을87) 대부분의 명예훼손 관련 손해배상 사건은 민사소송법 제2조에 의해 관할법원이 지정돼왔습니다. 명예훼손에 의한 손해배상 사건의 관할에 대한 확실한 법률적 기준을 설정해 주시기 바랍니다.

2. 원고 측 주장 2항에 대하여

원고는 주장합니다. "[북한군 개입] 표현에 대하여 5·18 단체나 개인은 [집단표시에 의한 명예훼손]에 관한 대법원 판례를 적용받는 대상이 아니라 [5·18민주화유공자예우 및 단체설립에 관한 법률] 제55조의 적용 대상이 돼야 한다."

피고는 5월 단체가 [집단표시에 의한 명예훼손 대법원 판례]에 의해 [북한군 개입] 표현의 피해자 신분이 될 수 없다는 주장을 했고, 이를 증명하기 위해 을93(육군검찰, 민사), 을94(이종윤 목사의 설교, 민사), 을95(피고관련 형사)를 제출하였습니다. 반면 이와는 달리 원고는 [5·18민주화유공자예우 및 단체설립에 관한 법률] 제55조에 따라 5월 단체들에 [북한군 개입] 표현의 피해자 자격이 있다고 주장합니다. 대법원 판례가 [5·18민주화유공자예우 및 단체설립에 관한 법률]에 의해 무효가 되는 판례인 것인지 확실한 기준을 내려 주시기 바랍니다.

3. 원고 측 주장 3항에 대하여

원고는 주장합니다. "이 사건 도서에 논리가 없어서 학술서로서의 자격을 상실하였다."

이 사건 도서에는 출처가 명시돼 있는 30여 개의 사실과 그 사실에 대한 추적, 해설 그리고 사실과 사실을 잇는 논리가 전개돼 있습니다. 문장이 가독성 있고 친절한 매너로 전달력 높게 정리돼 있습니다. 그래서 시장에서 많은 환영을 받았습니다. 피고의 5·18저서들이 설득력이 없다면, 국가는 무슨 이유로 5·18진상규명법을 설치하고, 5·18진상규명 조사위원회를 가동시켜 피고의 성명과 피고의 저서 명을 문서에 명문화시켜놓고 그 하나하나에 대해 반대되는 해석을 보고서에 담았는지 묻고 싶습니다. 수준이 빈약하여 연구 도서로서의 자격이 없다면 그냥 무시할 것이지 왜 519억이라는 예산을 들여 107명의 광주인들만 뽑아가지고 4년 동안 오로지 피고의 저서 내용을 탄핵했는지 그 이유를 살펴주시기 바랍니다.

이와 관련해 귀원에 여쭙고 싶은 매우 중요한 법리적 질문이 있습니다. 재판부의 소임에 대해서입니다. 재판부의 소임이 ① 학자가 저술한 역사서의 품질을 평가하는 것인지 아니면 ② 책 내용에 범죄 의도가 내포돼 있는지의 여부를 판단하는 것인지, 확실히 가르쳐 주시기 바랍니다.

원심판결서에는 한 학자의 자력을 평가한 대목이 있습니다. 이는 피고에 대한 인신공격이지 판결이 아닐 것입니다. 등외품에 해당하는 학자가 쓴 책을 역사책으로 인정할 수 없다는 뜻입니다.

4. 원고 측 주장 4항에 대하여

원고는 주장합니다. "피고가 이 사건 도서에서 당시 광주 현장에서 촬영된 사진 속 인물들이 북한 인물과 동일인이라 주장했고, 5·18이 북한군이 주도한 폭동이라고 주장하였지만 이 모두는 허무맹랑한 허위사실이다."

이에 대한 반론으로 피고는 그동안 지면 관계상 제출하지 못했던 사실들을 추가하고자 합니다.

1) 원심이 적대적 이방인으로 여기고 있는 노숙자담요는 5.18연구에 누구도 범접할 수 새 차원의 지평을 열었습니다.

피고는 피고와 노숙자담요가 연합하여 이룩한 5·18 역사 연구는 이 나라에서 이루어진 그 어느 역사 연구보다 장엄하고 방대한 걸작이고 대작이라고 자부합니다. 피고는 ① 18만 쪽에 달하는 전두환 내란사건 수사기록, 광수시민들이 모은 목격담과 증언, 북한 당국의 문헌 등을 집대성하여 5·18은 북한이 1979년 10.26 사건 직후부터 북한 특수군 600명을 장장 6개월에 걸쳐 침투시켜 주도한 대규모 게릴라전이었다는 결론을 학설로 냈습니다. ② 아울러 5·18 최상위 유공자들은 1980년 5월 18일부터 23일까지의 시위 기간에 각자도생하자며 이리저리 숨어다녔다는 사실도 밝혀냈습니다. 광주인들은 폭동시위를 전혀 주도하지 않았던 것입니다. 이 두 가지 사실을 엮어 5·18은 확실히 북한이 주도했다는 결론을 내고, 2014.10에 [5·18분석 최종보고서]를 출간하였습니다.

그런데 2015년 초부터 광주 현장 사진들이 쏟아져 나왔습니다. 사진 속 주역들의 모습을 보니 그들은 광주의 어리바리한 구두닦이, 껌팔이, 식당보이 등이 아니라 세계최강으로 훈련받은 몸매들이었습니다. 5·18은 외지에서 투입된 이방인들이 주도했다는 확신은 가면서도 그들이 북한의 얼굴이라는 것을 증명할 길이 없었습니다. 5·18을 북한이 주도했다면 그 사진 속 주역들은 확실하게 북한 사람이어야 했습니다.

이에 필명 노숙자담요가 혜성과 같이 나타나 광수(광주에 왔던 북한인)들을 찾아내기 시작했습니다. 그가 찾아낸 광수 얼굴들은 판박이처럼 보였습니다. 그는 얼굴분석 교과서에 따라 광주 현장의 얼굴과 북한 얼굴이 어째서 동일인인지 알기 쉽게 그림으로 설명해주었습니다. 이를 접한 수많은 국민들이 환호했습니다.

필명 노숙자담요, 노숙자들에 담요가 되어주고 싶다는 뜻에서 지은 필명이라 합니다. 그는 자신을 소개했습니다. "저는 미국이민 1.5세대이며 미 정보기관에서 안면인식 업무를 수행하다가 정년퇴직하여 같은 안면인식 전문가 8명이 팀을 만들어 중국 정부와 계약을 맺고 중국에서 안면인식 프로젝트를 수행하고 있습니다." 그는 5·18이 북한의 소행임을 반드시 밝히고 싶다고 하였습니다.

그가 나타나기 이전까지 피고는 광주에 투입된 북한 사람들은 오로지 특수군 600명과 이미 남한에 파견돼 있던 고첩들밖에 없었을 것이라고 생각했었습니다. 그런데 노숙자담요는 광주 현장에서 촬영된 구름 같은 군중이 모두 북한의 남녀노소 어린아이들로 구성된 북한 사람들이라는 사실을 밝혀냈습니다. 북한 특수군 600명 이외에도 북한 민간인 집단 900여 명이 통제된 상태에서 이리저리 구름처럼 몰려다니면서 광주시를 배타적으로 장악하고 있었다는 사실을 발견했습니다. 이때 광주시민들은 날아다닌다는 총알에 맞는다며 모두 이불을 쓰고 집에 숨어 있었습니다. 이들 북한 군중은 서로가 서로를 잘 알고 있는 같은 분야 사람들 단위로 묶어서 활동하였습니다. 어쩌다 낯선 사람이 멋모르고 군중 속에 들어오면 북한 말씨로 인해 비밀이 누설될까 두려워 도청으로 연행하여 사살했던 것입니다. 이 깨알같이 많은 군중에서 노숙자담요는 2015.5.5.부터 2019.3.6.까지 만 3년 10개월 동안 무려 661명이나 되는 광수를 찾아냈습니다. 이는 초인적인 업적입니다.

그러면 그동안 없었던 현장 사진들이 어떻게 2015년에 쏟아져 나왔는가에 대한 의문이 생길 것입니다. 이 의문에 대해 피고는 다음과 같이 추측합니다. ① 광주 현장 사진들은 기록을 남기기 위해 북한이 독점하여 촬영한 것이고, ② 광주에 두 차례 찾아간 독일 기자인 힌츠페터는 사진을 찍으러 간 것이 아니라 북한이 찍어놓은 사진을 가지러 간 것이며 ③ 힌츠페터의 임무는 가져간 사진을 전 세계에 방송하는 것이고 ④ 2013년 채널A와 TV조선이 5·18은 북한소행이라는 내용으로 5개월 동안 특별프로를 만들어 연속 방송을 하자, 다급한 광주 신부들이 '푸른 눈의 목격자'라는 독일 기자 힌츠피터를 독일로 찾아가 필름을 모두 가져왔고, ⑤ 이 사진들의 성격을 모르는 5·18기념재단이 일부를 노출시켰을 것입니다. 피고는 원고 측과 형사 소송을 진행하면서 증인신문 과정에서 이에 대한 실마리를 얻을 수 있었습니다. 힌츠페터는 북한과도 결합돼 있고, 김대중의 반국가단체 한민통 주역들과도 결합돼 있는 북한 동조자이자 5·18 부역자였습니다.

1975.10.3. 포천 약사봉 (장준하 추락사 49제 행사 날) -함석헌, 계훈제, 힌츠페터, 독일 녹음기사, 김사복

원내 인물이 힌츠페터(노동당 창건 70주년행사)

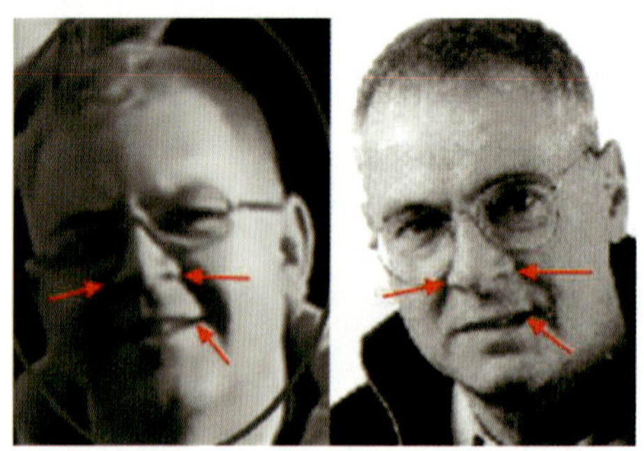

단 한 시간도 남을 위해 봉사하지 않는 사회 분위기 속에서 노숙자담요는 돈 한 푼 바라지 않고 오로지 애국심과 자아성취의 일념 아래 초인적인 능

력을 발휘해 주었습니다.

2) 필명 노숙자담요는 2015.5.5.부터 2019.3.6.까지 무려 3년 10개월 동안 총 661명의 광수를 발굴해냈습니다.

근 4년 동안에 걸쳐 661명의 얼굴을 현미경으로 분석하여 정리하는 일은 그 어느 한국 국민도 흉내낼 수 없는 초인적 노력입니다. 안면인식용 프로그램이 장착된 특수 고화질 프로그램이 없으면 가능할 수 없고, 집요한 애국심과 정성이 없으면 가능할 수 없는 업적입니다.

그런데 원고와 원심은 안면인식에 너무나 어둡습니다. 조선일보 '만물상' 기사조차 제대로 소화하지 못하고 있습니다. 이것이 얼마나 답답한 현상인지 가늠하기 위해 최근 입법화된, 스마트폰 개설 시 안면인식 절차가 도입되고 있는 사실을 상기해주시기 바랍니다. 십여 년이 지난 주민등록증 사진과 현재의 얼굴 사진을 컴퓨터가 대조하여 두 점의 사진이 동일인인가를 컴퓨터가 판독하는 절차가 시행되고 있습니다. 원고나 원심의 생각대로라면 이 핸드폰 개설 시 안면인식 프로그램이 가동된다는 말은 거짓말이어야 할 것입니다.

노숙자담요가 분석해 보내준 661명분의 광수 영상을 모두 편집하면 A4지 천여 쪽에 해당할 것입니다. 안면인식이 어떻게 이루어졌는지를 알지 못하면 피고는 억울한 판결을 받게 됩니다.

노숙자담요는 광주 현장 사진 속에서 깨알보다 더 작은 얼굴을 특수컴퓨터로 확대하고, 그것을 ① 통일부에 저장된 북한 인물 DB에도 연결시켜서 동일인을 찾아내고, ② 북한에서 김정일 및 김정은과 함께 촬영한 사진들을 찾아내 그 얼굴들로부터도 동일인을 찾아내고, ③ 북한이 해외 공관에 파견한 외교관 사진들로부터도 동일인을 찾아내고 ④ 북한이 판문점과 그 외 남북회담장들에 파견한 사진들을 구해 그 얼굴들로부터도 동일인을 찾아내고 ⑤ 평창에 파견됐던 인물들로부터도 동일인을 찾아내고 ⑥ 심지어는 외국에서 범죄를 저질러 현지에서 보도된 북한 외교관의 여권사진의 얼굴에서도 동일인을 찾아냈습니다. 보통인들로서는 상상조차 할 수 없는 추적입니다.

5. 원고 측 주장 5항에 대하여

원고는 주장합니다. "피고는 이 사건 도서 기재 내용이 사실적시가 아니라 의견에 불과하다고 주장하지만, 피고의 사실적시와 의견은 대법원 2015.9.10. 선고2013다26432 판결 등에 의해 명예훼손에 해당한다. 특히 피고는 '북한군 특수부대원 600명이 광주에 침투했다,' '김일성의 지령을 받아 광주교도소를 5회 공격했다'고 표현한 것과 개인 원고들의 사진을 북한 보위관료들 사진과 나란히 게재한 것은 학술서적에 해당하지도 않고 학자의 의견이라고 인정할 수도 없다."

피고는 이 사건 도서에 허위사실을 단 한 개도 기재한 바 없습니다. 오로지 출처가 명시돼 있는 사실자료들과 사실자료에 대한 평가 그리고 모든 사실자료 전체에서 풍기는 메시지를 [5·18은 북한이 주도한 게릴라전이었다]는 표현으로 활자화한 것뿐입니다. 이 사건 심리 초기에는 원고와 광주법원이 이 최종의견을 허위사실로 규정하였습니다. 그런데 지금은 [의견]인 것으로 주장을 바꾸었습니다. 피고가 사실과 의견을 표현하는 방법으로 5·18의 명예를 훼손하였다고 주장합니다. 아무런 근거를 제시하지 않고 무조건적으로 '학술 서적이 아니다' 함은 참으로 엄청난 법의 폭력입니다.

광주에 침투한 북한군 숫자가 600명이라는 점은 남북한 당국의 문서-문헌에 공히 표시돼있는 숫자입니다. 권영해 전 안기부장은 북한군 490명이 광주에서 전사했다는 증언을 하였습니다. 광주에 침투한 북한특수군 600명 중 490명이 광주에서 전사했다는 말은 어울리는 말입니다. 1983년 육군본부가 발행한 [계엄사]((戒嚴史)와 군 상황일지에는 북한이 다급한 나머지 암호화하지 않고 반복해서 {교도소를 공격하라}라는 명령을 청취하였다고 기록돼 있습니다. 1997년 대법원 판결서에도 광주 교도소가 5회에 걸쳐 공격을 당했다고 기재돼 있습니다. 그런데도 원고와 원심은 아무런 근거도 대지 않고 이것이 허위라고 주장합니다. 막무가내입니다. 광주 현장 사진에서 미국이 개발한 안면 인식 기술로 661명의 얼굴을 찾아낸 사실이 왜 허위이고 왜 범행이라는 것인지 어이없습니다.

6. 원고 측 주장 6항에 대하여

원고는 주장합니다. "피고의 저술행위는 공공의 이익을 위한 것이 아니라 오로지 5·18의 숭고한 명예를 훼손하기 위해 수많은 5·18관련 서적들을 반복하면서 집요하게 범한 범죄행위로밖에 볼 수 없다. 피고가 발행한 수많은 5·18관련 도서들에는 전문성이 없고, 진실이라고 믿을 만한 '상당한 이

유'가 전혀 기재돼 있지 않다."

피고는 지난 21년 동안 14권의 5·18관련 역사서를 썼습니다. 5·18관련 증거는 한꺼번에 출현하는 것이 아니라 장기간에 걸쳐 조금씩 나타납니다. 그때마다 해석도 업그레이드됩니다. 이런 꾸준한 노력이 학술행위가 아니고 오로지 광주의 명예를 훼손하기 위한 반복된 범죄행위라는 주장은 어불성설입니다. 피고가 저서에 기재한 내용들은 100% 진실한 사실이라고 믿을 만해서 기재한 것입니다. 진실이라고 믿을 수 없는 내용이 단 한 가지라도 있으면, 피고가 80 인생에 쌓아올린 신용이 한순간에 무너지고, 피고의 책은 국민으로부터 냉소를 당할 것입니다. 하지만 지금은 점점 더 많은 국민들이 피고를 신뢰하고 있습니다. 역사를 21년 동안 연구한 행위가 어떻게 공익을 위한 행위가 아니라는 것인지 알기 어렵습니다. 솔직히 원고는 5·18의 진실을 밝힌 피고 자체가 싫다는 것입니다.

7. 5월 21일의 군사행동을 광주시민이 주도했다는 원심판결에 대하여

원심은 아시아자동차 군납업체로부터 탈취한 군용트럭과 장갑차는 당시 광주에 운전면허를 받은 사람들이 매우 많아서 광주인들이 충분히 몰 수 있었고, 전남지역 17개 시-군에 위장돼있는 44개 무기고를 4시간 만에 털어 5,403정의 총기를 탈취한 후 5회에 걸쳐 교도소를 야간공격한 것도 광주인들이 충분히 할 수 있었다고 판단하였습니다.

사법부가 피고의 학설을 부정하고 다른 학설을 내놓은 것입니다. 설사 재판부가 한 학자의 학설 내용을 재평가할 수 있다 하더라도 재판부의 위 판결은 명백한 진실에 절대적으로 반합니다. 을97은 2002.12. 전남대학교 출판부가 발행한 '5·18항쟁증언자료집I'의 일부이며, 여기에는 당시의 [항쟁본부] 총사령관과 그 지휘부 요원들의 증언들이 기술돼 있습니다(항쟁자료집 98-184쪽). 을97을 한마디로 요약하면 항쟁본부를 구성했던 모든 지휘부 수뇌들이 1980.5.18.-24까지는 시위에 참가하지 않고, 각자도생 숨어다니다가 5월 24일 오후에야 한 사람씩 도청에 모여 갑론을박하다가 5.27 새벽에 진압됐다는 것입니다.

결론적으로 5·18 최상위 유공자 대우를 받는 사람들은 운동권도 아니고, 23일에 한 사람씩 도청에 갔다가 카리스마 넘치고 위엄 있어 보이는 높은 관료들이 출입을 못하게 해서 주눅들어 가지고 발길을 돌렸다가, 5월 24일 오후부터 각자 초면인 상태로 도청에서 만나 갑론을박하며 다투기만 하다가 5.27.에 점령당한 20대들이었습니다. 이것이 5·18 최고 반열에 있는 5·18유공자들의 초라한 초상입니다. 이들이 말하는 "도청 앞을 지키는 위엄 있어 보이는 관료들"은 북한 사람인 것입니다. 시위에 불타던 광주에 광주인들이 만든 조직이 전혀 없었다는 이야기입니다. 광주 사람들은 그냥 몰려다니는 부나비들이었습니다.

5·18은 이미 지난 30년 동안 전라도의 이권증서가 되어 있습니다. 이런 시점에서 법원이 스스로 역사규명의 현장에 뛰어들어 역사를 규명하는 것은 국가가 학문의 공간에 침범하여 학자의 연구행위를 탄압하는 불법일 것입니다. 역사의 성격을 구명하는 과업은 학자들의 영역이지 사법부의 영역이 아닐 것입니다. 피고는 원고와 광주법관들로부터 멸시당해야 할 잡범 인생이 아니라 공익적 가치관을 가지고 하늘과 결산해가면서 살아가는 책임 있는 자아적 존재, 분석능력을 훈련하고, 분석내용을 알리는 전달력을 훈련한 엑스퍼트 인생이고, 애국하는 인생이라는 사실을 강조하고자 합니다.

결 론

1. 학자가 정성을 기울여 쓴 5·18역사서를 이해당사자 지역의 법원에서 피고가 출정할 수 없다는 사실을 잘 알고 있으면서도 궐석 재판을 강행한 것은 품위 있는 법원이 취할 수 있는 처사가 아닙

니다. 원고는 대법원이 사실심을 다루는 기관이 아니라 주장합니다. 문제는 광주법원이 떳떳하지 않은 방법으로 타지역 법원의 관할 사건을 가로채서 아전인수적 억지에 의해 사실심의 기회를 박탈했다는 사실입니다. 사실심의 기회를 광주법원이 박탈하였으니 법이 규정한 관할법원에서 다시 사실심을 치르게 해주시기 바랍니다.

2. 원고들은 집단표시에 의한 명예훼손 판례에 의해 이 사건 도서의 피해자가 될 수 없습니다.

3. 원고와 원심은 이 사건 도서가 사실과 평가로 구성돼 있다는 것을 인정하였습니다. 그래서 피고가 사실과 평가를 표현하는 방법으로 원고의 명예를 훼손하였다고 주장합니다. 무슨 뜻인지 모르겠습니다.

4. ① 1980.5.21. 발생한 군사행위들을 광주인들이 주도하지 않았다는 것 ② 전남도청이 5.23까지 외지인들에 의해 장악되어 있었다는 것이 [5·18

항쟁본부] 지휘부 구성원들의 일치하는 증언입니다. 그런데 원심은 아무런 근거 없이 5.21. 상황들을 광주인들이 주도했다고 판결했습니다.

5. 법원에는 학자가 저작한 역사서 내용을 부정하거나 그 품질을 평가하는 관청이 아니라고 생각합니다. 법원의 소임은 연구 내용들에 범의가 반영돼 있느냐에 대해 살피는 것이라고 생각합니다. 그럼에도 불구하고 원심은 판결서 형식을 빌려 [광주판 5·18역사서]를 다시 썼습니다.

6. 특히 노숙자담요의 영상분석은 그 누구도 상상할 수 없는 차원에서 끈질기고 치밀한 방법으로 이룩한 역사적인 대작이고 걸작품이라고 생각합니다.

7. 학자의 학설은 다른 학자의 학설에 의해 도전받고 자유시장 경쟁원칙에 따라 그 우열이 가려지게 하는 것이 민주주의 방식입니다.

8. 5·18이 정말로 신성한 민주화운동이라면 원고

와 광주법원은 아무런 근거없이 피고의 연구 결과를 부정하거나 폄훼하고, 이에 더해 피고의 학력까지를 폄훼하는 등 인신공격을 해서는 안된다고 생각합니다.

입증방법

을97. 5·18항쟁 증언자료집-1

2026.1.

대법원 제1민사부(다) 귀중

제4장

김대중 내란을 전두환 내란으로 뒤집은 과정

제4장 김대중 내란을 전두환 내란으로 뒤집은 과정

1979년의 역사, 10.26과 12.12

1979년 말경에는 10.26 사건과 12.12 사건이 있었습니다. 10.26 사건은 김재규가 육군참모총장인 정승화를 궁정동 안가에 데려다놓고 그 옆 건물에서 박정희 대통령을 시해한 사건입니다. 12.12 사건은 김재규 재판 과정에 정승화가 개입했고, 그의 시해방조 혐의에 대한 전두환의 수사를 집요하게 방해한다는 이유로 정승화를 전격 체포한 사건입니다.

서울의 봄

1979.10.27. 대통령 권한 대행이 된 최규하는 만 4개

월만인 1980년 2월 29일, 시국사범으로 감옥에 갇힌 빨갱이 687명을 갑자기 사면-복권시켰습니다. 687명은 김대중, 문익환, 지학순 등 거의가 다 김대중 추종자들이었습니다. 최규하로부터 횡재에 해당하는 선물을 받은 빨갱이들은 신이 나서 춤을 추었고, 그들은 이 횡재를 [서울의 봄]이라 이름 지었습니다. 12.12와 서울의 봄은 성격 자체가 완전히 다른 것인데도, 영화 [서울의 봄]을 제작한 김성수 감독의 선무당식 역사인식으로 인해 많은 사람들이 [서울의 봄]을 [12.12]로 오해하고 있습니다. 12.12는 정승화 당시 계엄사령관을 전두환 소장이 체포한 사건이고, [서울의 봄]은 빨갱이들의 잔칫날입니다.

김대중의 선동 시국

1980.2.29. 감옥에서 풀려난 김대중은 3월부터 5월까지 학생 및 노동자를 선동하기 시작했습니다. 하루가 다르게 시위가 극렬해지고, 규모가 커졌습니다. 치안이 마비되어 폭력과 강도 등 흉악한 범죄가 잇따랐습

니다. 이에 대해 전두환은 삼청교육대를 창설하기로 방침을 세웠지만, 오로지 국가안위를 허무는 데에만 올인했던 김대중은 전국을 다니며 피를 흘려야 민주주의를 쟁취할 수 있다고 선동 연설을 했습니다.

김대중은 4월과 5월, 세 차례에 걸쳐 북악파크 호텔에서 전국 시위를 모의했고, 24명으로 구성된 [김대중 혁명 내각]을 구성했습니다. 이때 학생시위를 주도한 사람이 장기표와 심재권이었습니다. 중정 수사관이 이휘호의 핸드백을 뒤져 24명의 혁명 내각 명단을 압수했습니다. 혁명내각은 곧 북한이 남침하여 남한을 점령하면 김대중이 남한을 접수하여 통치할 장관들이었습니다.

5.17 사건

1980년 5월 15일, 심재철을 중심으로 한 서울역 10만 집회는 버스로 경찰을 깔아 죽이는 극렬한 폭력시위였습니다. 전국이 공포에 휩싸였습니다. 이에 만족한 김대중은 5월 16일 [민주화촉진선언]이라는 제목을 달고, 최규하가 이끄는 정부에 대해 감히 선전포고를 했습니다. "5월 19일까지 김대중에게 계엄령을 철폐하고 내각을 해체할 것을 통보해주지 않으면 5월 22일 정오를 기해 전국 시위를 감행할 것이다. 군인, 경찰은 상관의 명령에 불복하라."

5월 17일, 김대중의 선전포고에 놀란 군이 긴급히 전군지휘관회의를 열고, 10.26 이후 선포되었던 지방계엄을 전국계엄으로 확대하고 통제를 한층 강화했습니다. 전국계엄은 계엄사령관이 장관과 총리를 거치지 않고 대통령과 직접 보고하는 시스템이었습니다. 전두환은 5.17 자정을 기해 김대중의 혁명내각 요원 24명을 전격 구속했습니다. 김대중이 감히 국가를 상대로 이런 기상천외한 선전포고를 한 것은 미치지 않고서는 할 수 없는 황당한 짓이었습니다. 믿는 데가 있기에 가능한 협박이었습니다. 아마도 5월 22일, 그가 전국시위를 시작하는 날 북괴가 남침을 할 것이라고 사전 약속이 돼 있었기 때문이었을 것입니다.

김일성, 제2의 6.25 획책

김일성은 여러 차례에 걸쳐 집요하게 박정희 대통령을 살해하려 했습니다. 저는 김재규가 박 대통령을 시해한 것이 김일성의 공작이라고 늘 생각해왔습니다. 김일성은 마치 박정희 대통령이 시해될 것임을 미리 알고 있는 듯, 박 대통령 시해 직후 [폭풍작전]을 명령하고, 김신조급 살인 기계로 훈련된 특수군을 잠수함(11명씩)과 태백산맥 통로(20-30명씩)를 통해 광주 외곽에 잠입시켰을 것입니다. 남북한 당국의 문헌과 자료에 의하면 6개월여에 걸쳐 소규모 단위로 밀파시킨 병력이 600명이었습니다.

600명에 대한 시비가 많습니다. 조갑제는 북한군이 단 1명이라고 왔다면 자기의 목숨을 내놓겠다고 선동하였습니다. 이런 조갑제를 향해 다수의 분들이 "5·18이 조갑제에게 무엇이기에 거기에 목숨까지 걸어야 하는가" 태클을 걸었습니다. 휴전선을 제외한 3면이 모두 모래사장이고, 군이 매일 모래밭을 빗자루로 쓸기 때문에 단 한 명의 북한군이 와도 발자국이 날 수밖에 없다고 선동하였습니다. 600명이 왔으면 발각이 되고 국군과 교전이 이루어졌어야 했는데 교전이 없었다고 주장했습니다. 600명이 어디로 왔다가 어느 통로로 갔는지를 설명하지 못하면 600명은 거짓이라고 선동하였습니다. 조갑제의 이 말을 저를 2년형에 처했던 여판사 장윤선이 인용하면서 북한군 개입 표현이 허위라고 말했습니다. 조갑제의 손이 제 사건을 관장하는 판사에게까지 뻗어있었던 것입니다. 이상의 조갑제 주장에 대해 저는 인터넷에 아래와 같이 반론했습니다.

"대한민국 동서남은 모두 해안이다. 모래사장은 해안선 길이의 5% 미만이다. 조갑제의 '빗자루 이론'은 허위다. 예를들어 강도를 당한 시민이 강도를 당했다고 경찰에 신고했다. 경찰이 와서 강도가 어디로 와서 어디로 도망갔습니까 하고 물었다. 시민은 '그건 모르겠다. 하지만 분명히 강도는 당했다.' 이렇게 주장했다. 강도에 털린 것은 현장이 증명한다. 하지만 주인은 강도가 어디로 와서 어디로 갔는지 알 수가 없다. 그러면 강도가 오지 않은 것이 되는 것이냐? 이 세상에 적의 깊숙한 후방에 600명의 특공대를 투입시키면서 보무도 당당하게 열을 지어 침투하라고 명령할 또라이 지휘관은 없다. 600명을 적진으로 보내면서 60만 대군과 교전하라고 할 미친 장군은 없다."

5.17 조치가 국가 살려

김일성은 ① 반골의 고장 전라도를 중심으로 한 전국 폭동을 [의용군]의 의거로 포장하여 전국화시키고 ② 광주로 상륙시킬 10만 병력을 해주에 대기시켜 놓고, ③ 휴전선에 전투준비 태세를 갖추도록 지시했습니다. 이대로 가면 1980년 5월 22일을 기해 ① 해주 10만 대군이 광주로 상륙하고 ② 휴전선에서 일제히 밀고 내려오고 ③ 광주 및 전국에서는 시민의용군 형식으로 국가전복을 꾀하는 내란 폭동이 일어나 대한민국은 속절없이 점령될 수 있었습니다. 아슬아슬하게도 5월 17일, 전두환 소장은 김대중과 그 일당 24명을 전격 체포하였습니다. 5월 22일로 계획됐던 전국 폭동이 4일 앞당겨 5·18 광주폭동으로 국지화됐습니다. 결론적으로 전두환은 멸망 당할 위기에서 국가를 구하느라 당시에는 소소하게 취급됐던 광주폭동에 관여할 시간도 에너지도 없었습니다. 그는 5월 17일까지 나라를 지키는 전쟁에 올인해 있었습니다. 나라가 처한 위기가 너무 위중하고 크고 다급한 나머지 그에게 광주는 안중에도 없었습니다.

그래서 전두환 대통령은 5·18진행 과정에 손을 댄 적이 없습니다. 하지만 전두환이 5.17을 기해 김대중 혁명일당을 기습적으로 구속했기 때문에 김일성의 남침 의도는 산산조각이 났습니다. 김일성에게 전두환은 저주의 대상이었습니다. 그래서 김일성이 2성 장군에 불과한 전두환을 공격목표 제1호로 지정한 것입니다. 전두환으로 인해 전면남침 기회가 사라졌고, 전국 폭동이 광주폭동으로 축소되었고, 폭동의 D-데이가 5월 22일에서 5월 18일로 4일 앞당겨지게 된 것입니다. 이러한 시나리오를 입증하는 하나의 증거가 있습니다. 5월 23일 서울역에서 간첩 이창룡이 붙잡힌 사실입니다. 그의 소지품에서 [환각제]가 나왔습니다. 간첩이 환각제를 보유한 것은 간첩 역사상 이창룡이 처음이었습니다.

참고로 이창룡의 환각제에 대해 의미를 부여한 사람은 대한민국에서 오로지 저 지만원 한 사람 뿐입니다.

환각제의 의미

광주 유언비어의 꽃은 [환각제]였습니다. 전두환이 공수대원들에게 환각제를 빼갈에 타서 먹였고, 환각제를 마신 계엄군이 짐승처럼 남녀노소 구별 없이 마구 학살하고 농락했다는 것이 광주 유언비어의 핵이었습니다. 또한 1991년 김일성이 제작해 개봉한 5·18영화 [님을 위한 교향시]의 테마 역시 [환각제]였습니다. 이창룡은 환각제를 광주 증심사에서 또아리를 틀고 있던 거물 간첩 손성모를 통해 광주에서 사망한 계엄군 주머니에 넣기 위해 휴대하고 거사일인 5월 22일에 맞추어 미리 평양을 떠났습니다. 5월 21일 순천에 상륙하여 5월 22일 광주로 침투하려다 경비가 삼엄하여 광주에 내리지 못하고, 23일 새벽 서울역에까지 떠밀려 와서 서성거리다, 호객하러 나온 여관집 부부의 신고로 체포되었습니다.

당시의 수사관들이나 그 후 5·18을 수사한 수사관들이나 이창룡 소지품 중에 환각제가 들어있었다는 사실을 중요하게 생각하지 않았지만, 전체적인 장면들을 바둑판에 올려놓고 보면 이창룡의 환각제는 전국 폭동에 대한 김대중의 선전포고와 북괴의 남침 계획을 연결시켜 주는 매우 중요한 증거입니다. 5·18이 김일성과 김대중이 공동으로 기획한 군사작전이었다는 것을 사실이라고 믿게 하는 매우 중요한 단서가 바로 이창룡의 환각제인 것입니다.

김영삼의 날치기 반역행위

1981년 1월 23일의 대법원은 5·18을 김대중이 주도한 내란이었다고 확정 판결하였습니다. 이 대법원 확정 판결을 우리는 [기판력]이라 부릅니다. 기판력을 뒤집으려면 [재심] 절차가 필요하고, 재심을 하려면 재심의 요건이 충족돼야 합니다. 그런데 김영삼은 이런 원칙을 다 무시했습니다. 1995.12.21. [5·18특별법]을 만들고, 그 특별법에 근거해 5·18을 다시 재판했습니다. 그리고 5·18은 김대중의 내란사건이 아니라 전두환의 내란사건이라고 뒤집었습니다. 어제의 충신이 역적 되고, 어제의 역적이 충신으로 등극했습니다. 이는 나라가 바뀌기 전에는 있을 수 없는 현상입니다.

노태우의 반역 및 배신행위

1988년 대통령이 된 노태우는 총선 전략을 잘못 짜서 여소야대 정국을 불러왔습니다. 궁지에 몰린 그는 여소야대 정국을 돌파하기 위해 1990년, 김영삼과 김종필을 끌어들여 3당 합당을 했습니다. 민정당이 민자당이 되었습니다. 3당 합당에는 김영삼이 내거는 전제조건이 있었습니다. ① 5·18을 [폭동]에서 [민주화운동]으로 호칭케 하도록 법을 만들 것 ② 정호용을 민자당에서 내쫓을 것 ③ 광주 희생자들에 보상을 할 것 등이었습니다.

정호용은 당시 온 사회에 차기 대통령감으로 회자되고 있었습니다. 김영삼은 그를 축출해야 차기 대통령을 넘볼 수 있었습니다. 정호용을 축출하려면 명분과 이유가 필요했습니다. 노태우와 김영삼은 공모하여 그 이유를 만들어 냈습니다. "정호용은 공수특전 사령관으로 광주에 특전부대를 보내 양민을 학살했다." 정호용 부인은 너무 억울해서 자살 기도까지 했습니다. 노태우가 자기의 정치적 입지를 위해 육사 동기생을 모략하여 희생시킨 것입니다.

[5·18 민주화 운동]이라는 말은 정치인들이 야합한 흥정물

[폭동]을 [민주화 운동]으로 날치기한 것은 이처럼 정치인들끼리 이해득실에 따라 절충하고 타협한 흥정물이었을 뿐, 과학으로 증명된 것이 아니었습니다. 이 단계에서 김영삼은 5공의 5자도 꺼내지 않겠다고 약속했습니다. 5·18 역사는 이 상태로 1995년 10월 27일까지 5년 동안 굳어져 가고 있었습니다.

따지고 보면 5·18은 국가와 광주 사이에 벌어진 충돌 사건이었을 뿐, 그것을 운동이라고 부를 수도 없는 성격의 사건입니다. 무릇 [운동](movement) 이라는 것은 새마을 운동이나 프랑스의 레지스탕스 운동처럼 지도자가 있고, 조직이 있고 슬로건과 목표가 있고, 계몽 기간이 있어야 성립합니다. 그런데 5·18에는 이 모두가 없습니다. 광주시를 수놓은 슬로건은 오로지 "찢어 죽이자 전두환" "석방하라 김대중" 이런 것뿐이었습니다. 현장 사진들에는 수많은 무장한 괴한들이 조직화돼 있었고, 조직에마다 지휘자가 있었지만, 실제 광주인 가운데에는 지휘자가 단 1명도 나타나지 않았습니다. 5·18은 절대로 [운동]이라는 명칭도, [민주화]라는 명칭도 달 수 없는 괴한들의 폭동이었습니다.

갑자기 코너에 몰린 김영삼

1995년 10월 19일, 박계동 의원이 노태우 비자금 4,000억 원을 폭로했습니다. 사회가 들끓고 군사정권에 대한 분노와 배신감이 갑자기 치솟았습니다. 1995년 10월 27일, 20여 명의 국회의원과 심복들을 이끌고, 북경 영빈관(조어대)에 머물던 김대중이 김영삼을 코너로 몰기 위해 기자회견을 했습니다. "나는 노태우로부터 20억 원을 받았다." 양심고백을 했습니다.

김대중의 충격 발표가 보도된 순간, 여론의 화살이 김영삼에게로 전환됐습니다. "노태우가 정적인 김대중에게까지 20억 원을 주었다면 노태우 밥상머리에서 대통령이 된 김영삼은 도대체 몇천억을 받았겠느냐? 이실직고하라." 사실 그 당시 국민에게는 알려지지 않았었지만 김영삼은 노태우로부터 3,000억 원을 받아놓고 있었습니다. 김영삼이 꼼짝없이 막다른 코너에 갇혔습니다. 이때 정치 10단이라는 김영삼이 자기에게 쏠린 화살을 다른 데로 돌리기 위해 전두환을 희생양으로 삼았습니다. "저 전두환과 노태우 두 놈은 12.12쿠데타로 정권을 잡고, 이에 항거하는 광주의 양민을 총칼로 학살한 살인자 놈들이다. 감옥에 가둬라." 오랜 기간의 군사정권에 싫증났던 국민들이 3,000억 원은 금새 잊고 군사정권 타도에 필이 꽂혔습니다. 이때부터 전두환의 만행에 대해 거짓말을 가장 잘하는 기자가 뜨고 신문이 잘 팔렸습니다. 전두환은 이 당시 기자들의 거짓기사들에 의해 천하의 몹쓸 악인이 되었던 것입니다.

김영삼의 개로 불린 권영해의 공작

5·18특별법을 급조하여 일단 전두환과 노태우를 감옥에 넣은 김영삼이 전두환에 죄를 씌우지 못하면 자신이 감옥에 가야 했습니다. 그의 심복인 권영해 안기부장이 음흉한 공작 음모를 꾸밀 수밖에 없었습니다. 권영해는 당시 별 볼 일 없던 홍준표를 안기부에 데려다 법률공작을 시켰고, 그 공작 수단으로 그의 육사 15기 동기인 권정달을 포섭했습니다.

홍준표의 개입

5·18을 뒤집는 데에는 법률공작이 필요했습니다. 전두환에게 씌워야 하는 죄를 만들어 내는 공작이었습니다. 권정달은 안동 사람이자 육사 15기, 권영해와 동기였습니다. 권영해와 권정달은 출세를 하면서도 늘 하나회 선후배들로부터 괄시를 받아오면서 심리적 열등감을 느끼고 있었을 것입니다. 그래서 김영삼을 이용하여 하나회를 때려잡았고, 그 대가로 국방장관이 되고 안기부장이 되었습니다. 하나회를 때려잡는 바람에

자랑스러워야 할 군복이 진흙 속에 짓밟히게 되었습니다. [군바리]라는 멸시적 언어가 생기게 된 것은 국가의 비극입니다.

천하의 배신자 권정달

검찰은 1996.1.4. 검찰청사가 아닌 삼정호텔 1110호에서 20만 자에 해당하는 모략문을 작성했습니다. 전두환이 집권을 하려고 사전에 집권 마스터플랜(집권시나리오)을 작성했다는 것이었습니다. 이 배신의 모략에 의해 그의 상사인 전두환과 선배들과 5공 동지들을 모조리 감옥에 보냈습니다. 그리고 그 대가로 그는 근육이 허하는 동안 내내 좌익정권에 빌붙어 요직들을 차지했습니다.

시궁창에서 작성된 대법원 판결문

사람들은 대법원 판결을 어마어마하게 생각하고 있지만 1997년 4월 17일에 대법원이 인쇄한 판결문은 악취가 진동하는 오물통입니다.

"전두환은 위에서 시키는 일만 해야 하는데 전국의 두뇌들을 동원하여 대통령에게 시국수습 방안 등을 능동적으로 마련하여 국민의 여망을 받아 대통령이 되었다. 대통령 하려는 마음이 있었던 것이다."

"계엄을 선포해야 하느냐 마느냐는 고도의 정치 군사적 판단을 요하기 때문에 사법부가 개입할 문제는 아니다. 하지만 전두환의 마음에는 이미 집권하려는 마음이 있었기 때문에 그런 마음을 가지고 선포한 계엄은 그 자체로 내란이다. 계엄령 선포권은 오로지 대통령에게만 있지만 당시 최규하 대통령은 전두환의 아바타가 돼 있었기 때문에 대통령이 서명한 것은 모두 전두환의 책임이다."

"정호용은 12.12 현장에 없었지만 그 이후 전두환을 추수하면서 출세하였기 때문에 [부하뇌동죄]가 인정된다." 참고로 법률사전에 부하뇌동죄는 없습니다.

"이 사건은 헌법도 아니고 법률도 아니다. 자연법이 잣대다. 자연법은 국민 인식법이다." 참고로 국민인식법은 곧 여론재판이라는 뜻입니다.

"광주시위대는 헌법을 수호하기 위해 결집된 준헌법기관이다. 준헌법기관을 무력으로 탄압한 행위는 내란행위다."

"광주 민주화 운동은 빠른 속도로 전국에 확산됐어야 했는데 전두환 등이 이를 조기에 탄압했고, 그 과정에서 상당한 수의 인명이 사망했다. 이는 내란목적 살인죄에 해당한다."

5·18로 인해 대한민국 체제가 바뀌었다는 사실 인식해야

1997년의 대법원이 1981년의 대법원 판결을 뒤집었습니다. 어제의 충신이 역적이 되고, 어제의 역적이 충신이 되게 한 대법원 판결이 바로 1997년의 5·18판결입니다. 헌법을 유린해가면서 뒤집은 재판이 5·18재판인 것입니다. 결론적으로 5·18은 대한민국의 적(enemy)입니다.

에필로그

아무도 읽지 않는 수사기록 18만 쪽

5·18 역사는 10.26 밤에 발원되었습니다. 10.26 역사의 진실은 오로지 전두환 내란 사건 수사-재판 기록 18만 쪽에만 들어있습니다. 이제까지 수많은 언론들이 쓴 기사와 드라마와 방송내용들은 다 가짜입니다. 이 수사기록은 누구나 검찰청에 열람-복사를 신청해서 접할 수 있지만 아무도 하려 하지 않습니다. 위험하기도 하려니와 읽어도 어려운 용어들과 복잡하게 얽히고설킨 내용들을 소화하기가 어렵고, 분량 자체가 위압적으로 많기 때문입니다.

5·18에 묶여진 숙명

이 기록들을 읽고 소화하려면 10년을 바칠 각오를 해야 하는 데다 군사지식 및 군사문화, 법률용어와 법률

문화에 익숙해야 합니다. 광주 사람들과 빨갱이들의 야만적 공격을 감수하면서 재판으로 반평생을 보낼 각오를 해야 합니다. 저는 베트남 정글에서 신출귀몰하다는 베트콩 게릴라와 4년 동안이나 전투를 했고, 전방과 최고급 사령부, 국방연구원, 중앙정보부 등을 두루 거쳤기에 5·18이 정치 시위가 아니라 군사작전이었다는 사실을 발견하게 되었습니다. 애국활동을 하는 과정에서 발생한 180여 건에 이르는 소송에 시달리면서 법을 자연스럽게 공부하게 되었습니다. 하늘은 제게 학문의 길을 닦을 수 있도록 수많은 기적을 선물해 주셨고, 롤러코스터 인생을 살게 하셨습니다. 이렇게 저를 단련시키신 것은 오로지 아무도 밝힐 수 없는 5·18의 진실을 밝혀 나라를 구하라는 뜻이었을 것입니다. 이러하기에 제가 연구해놓은 것을 이어받아 맥을 이어갈 인재를 오랜 동안 살폈습니다. 하지만 그럴만한 사람을 아직 찾지 못하였습니다.

미국 공군계에는 전투기 마피아(fighter's mafia)로 불리는 3명의 공중전 대가들이 있었습니다. 커널 보이드.

스피니, 리치아니였습니다. 이 세 마피아가 세기의 걸작 F-16의 스펙을 만들어 공군에 주었습니다. 세 전문가가 뭉치니까 공군이 움직였습니다. 미 공군 공중전 이론의 뼈대도 이들이 제공하였습니다. 이들은 실무와 이론의 대가들이라 발언권도 셌습니다. 5·18을 연구하고 전파하는 일에도 이런 마피아 동지가 단 한 사람이라도 있었다면 저는 이처럼 처참하게 몰매를 맞지는 않았을 것입니다.

5·18 책, 읽지도 않은 자기 과시형 매명자들이 지만원 비하 해

지식인이나 법관들은 자기가 최고라고 단정합니다. 우파 애국진영의 원로 계층에 있는 이른바 '어른' 계층은 편견과 고정관념에 찌든 나머지 꼰대의 분위기부터 뿜어냅니다. 지만원이가 잘나봐야 얼마나 잘났겠어? 좌우 모두가 이러하기에 빨갱이 법관들과 빨갱이 민변이 법 문서에서까지 드러내놓고 지만원을 깔보고 비하합니다. 이 책을 접하시는 우파 애국자분들은 국가를 구하기 위해서라도 제 이력을 살펴주시기 바랍니다. 제가 왜소해지면 제가 연구한 5·18의 진실도 왜소해지기 때문입니다.

저자의 공적 일부

저는 1966년 육사를 졸업하고 소위-대위 시절에 베트남 전쟁터에 가서 4년 동안 게릴라전투를 하였습니다. 대위 때인 33살에 미국에 유학하여 수리공학을 도구로 하여 사회문제를 해결하는 시스템분석 분야에서 석사와 박사학위를 취득했고, 박사 논문에서는 수학공식 2개, 수학정리 6개 그리고 미 항공모함 출동 시 창고에 적재하고 나가야 할 40여만 개의 수리부품 적정량을 계산하는 매머드급 알고리즘을 발명함으로써, 미 해군대학원 창설 이래 최고의 천재로 인정받고, 그 학교에서 3년 동안 교수로 봉직함으로써 지금까지도 전설화되어 있을 만큼 국위를 선양했던 사람입니다. 저의 수학적 발명품은 JEE MODEL, JEE FORMULA, JEE ALGORITHM이라는 대명사로 인용되고 있습니다, 시스템공학은 100% 응용수학으로 미국 사회에서는 물리학과 함께 그 난이도가 낙타의 바늘구멍으로 비유되는 학문인 것으로 인식돼 있으며, 고단위 몰두 과정을 필요로 하는 학문입니다. 이 정도의 학문적 업적을 이룩하였기에 학비가 하버드의 2.5배나 되는 귀족학교인 미 해군대학원에서 지금까지도 천재로 회자돼 오는 전설이 될 수 있었습니다.

미 해군대학원을 군사학 전공 학교로 오해하는 사람들

참고로 미국은 해군의 나라, 국방예산의 60%를 해군이 차지합니다. 미국의 전쟁은 과학전쟁이고, 과학전쟁은 곧 수학전쟁입니다. 전쟁 도구는 물리학의 산물이겠지만, 전쟁 운용은 순전히 응용수학입니다. 해군은 수중, 수상, 공중에서 동시에 전쟁을 하는 군대입니다. 그래서 세계에서 가장 첨단적인 전쟁과학을 창출해야 합니다. 그래서 과학 예산이 가장 많기 때문에 해군대학원을 세웠습니다. 미국의 해군 장교는 물론 육군, 공군, 해병대 장교들과 소수의 연합국 장교를 선발하여 스파르타식으로 석사와 박사 과정을 밟게 하였습니다. 위에서 귀족학교라고 말씀드린 뜻은 교육이 마치 옛 영국 황실의 자녀들과 귀족들을 교육시키는 학교 같다는 뜻입니다. 교수들은 장교학생들을 유럽의 왕실 자녀 정도로 정중히 대우합니다. 학생들은 수업시간에 반드시 정복에 넥타이를 매야 하고, 교수는 학생들을 황실의 왕자에게처럼 깍듯한 예의로 대합니다. 학생들이 원하면 1 대 1의 강의도 해 주어야 하고, 주말에도 시간을 내줍니다. 학생이 원하는 것만큼 교수들은 시간을 내줄 수 있었습니다. 학생과 교수 사이에는 예의가 기본입니다. 이런 고전적 유럽 문화권에서 황실 대우를 받으면서 공부를 할 수 있었던 것은 엄청난 행운이었습니다.

영어에 대한 집념이 가져다 준 행운

전쟁터에서 몸을 굴리던 초급장교가 어떻게 곧바로 전군에서 1명만 선발하는 유학시험에 합격할 수 있느냐에 대한 것도 전설이었습니다. 저는 정글을 기어 다니면서도 늘 철모 밑에 영문 단편소설들을 넣고 다니면서 영어와 친숙해졌습니다. 귀국해서는 영자신문을 통해 영어를 가까이 하였습니다. 그래서 유학시험에서 100점 만점에 97점을 딸 수 있었고, 이 사실 역시 군 유학시험 역사에서 전설이 되어 있습니다. 이런 집요함과 성실함으로 인해 유학의 기회를 얻을 수 있었고, 미 해군대학원 창설 이래 최고의 천재로 전설화될 수 있었습니다.

중령 시절, 장관과 대통령 움직여 국방 예산-회계 제도 개혁 5년간 주도

중령으로 국방연구원에서 근무했던 1982년이었습니다. 미국에서는 국가기관의 예산-회계 개혁을 대통령실에서 기획하고 지휘했지만, 한국군에서는 육군 중령에 불과했던 제가 연구해서 윤성민 국방장관을 움직이고 전두환 대통령을 움직여 5년 동안 한국군 역사에서 전무후무하게 자원관리 시스템을 설치하는 개혁을 진행하였습니다. 모든 사단에는 편제에 없던 자원관리참모부가 신설되었고, 사단마다 대형전산기가 들어갔고, 회계사와 전산요원들이 대거 충원되었습니다. 자유재로 인식되었던 군수물자에 대한 회계가 이루어지고, 장군에서 병사에 이르기까지 비용의식이 고취되었습니다. 시스템혁명이었고 의식혁명이었습니다. 이와 같이 육해공군 모두에서 저는 전설이었습니다.

시스템 개혁의 발원

대령으로 예편하고 미 해군대학원에서 3년 동안 교수로 봉직한 후 돌아와 [70만 경영체 한국군 어디로 가야하나]라는 처녀작을 냈습니다. 베스트셀러 1위를 연속 7주 동안 하였습니다. 이로 인해 장막 뒤에서 행해졌던 군사 비리가 국민의 감시를 받게 되었습니다. 신바람운동과 의식개혁운동에 올인하던 김영삼 시절, 저는 [신바람이냐 시스템이냐]라는 책을 내서 사회개혁의 시각을 '신바람-의식개혁'에서 '시스템 개혁' 쪽으로 전환시켰습니다. 시스템이라는 낱말을 몰라 했던

1993년, 저는 KBS에 출연하여 “은행 객장의 순번대기 번호표 장치가 곧 시스템이다. 시스템은 보이지 않는 손에 의해 저절로 질서가 유지되도록 설치하는 장치를 말한다.” 이렇게 알려주었습니다. 이후 저는 시스템전도사로 이름을 날렸고, 대기업과 정부기관등에 다니며 시스템 강의를 하였습니다. ‘TV는 사랑을 싣고’라는 프로도 저로부터 촉발되었습니다. 사관학교 신체검사 때, 키가 모자라 불합격되었을 때 낯선 소령이 심판관 완장을 차고 나타나 구두를 신고 키를 재게 해주었고, 몸무게가 모자라 불합격 받았을 때 그 자리에는 나타날 수 없었던 대령님이 나타나 물을 먹여 합격시켜주셨습니다. 이런저런 기적들이 [뚝섬무지개]라는 저의 일대기에 기록돼 있었고, 이 책을 읽은 KBS 김상근 부장이 소령님, 대령님, 육사교수님, 베트남 대대장님을 몰래 수배하여 서프라이즈 프로를 만든 것이 오늘의 ‘TV는 사랑을 싣고’의 발원이었습니다. 저는 1990년대에 신선한 충격을 주는 샛별, ‘장안의 지가를 높인 필력’이라는 말로 형용되었고, 대기업과 정부기관을 상대로 시스템 강연을 다녔습니다. 국가경영, 정부정책, 군사평론 분야에서는 저의 의견이 곧 답이었습니다. 당시 여당과 야당에서 공히 전국구 자리, 장관자리를 제안했지만 저는 모두 사양했습니다.

대통령이 결정한 차세대 전투기 F/A-18을 F-16으로 바꾸게 해

군의 기득권 세력의 저항에 부딪힌 저는 대령으로 예편을 하였지만 곧바로 미 국방부의 초대로 미 해군대학원 교수로 봉직할 수 있었습니다. 노태우 정부 시절, 공군은 해군기종인 F/A-18을 차세대 전투기로 선정했습니다. 이에 민간인 신분인 저는 "군은 전투기 대수(number)를 사는 것이 아니라 체공시간(time in the air)을 사는 것"이라는 논리로 기종을 F-16으로 바꾸게 하는 데 결정적인 역할을 하였습니다. 이런 이론은 제가 박사논문에서 개발한 [가동도 이론]에서 유도된 것이었습니다.

F-16 제작사가 제의한 사업권 사양

F-16 제작사에서 사업권을 준다 했지만 사양했습니

다. 군사 평론에 대해 업체로부터 보상을 받는 것이 불명예라는 생각이 들어서였습니다. 제작사 간부가 땅에 엎드려 제게 큰절을 했습니다. F-16 제작사 경영진은 저를 제조공장으로 초청해 공장을 견학시켜 주는 것으로 감사의 예를 표했습니다. 전북대 강준만 교수가 쓰는 [인물과 사상] 제11권(2000년)이 위 사실을 증명할 것입니다. 아래 사진은 제가 F-16 제작사인 GD(General Dynamics)로부터 국빈급으로 초대받아 공장을 견학했을 때 촬영된 사진의 일부를 소개합니다.

재판 걸려가면서 차세대 잠수함 사업비 5,500억 이상 절약시켜

1999년 국방부 방위산업실장(이청남)이 김영삼의 청와대에서 근무했다는 위세를 이용하여 독일형 1,500톤급 잠수함 사업을 밀실에서 대우조선과 수의계약을 밀어붙였습니다. 군사평론가였던 제가 이에 대해 부당함을 지적하였다가 방산실장으로부터 일생 최초의 고소를 당했습니다. 언론과 법정에서 그와 치열하게 다투는 동안 잠수함 사업은 수의계약에서 경쟁계약으로 전환되었고, 업체는 대우에서 현대로 넘어갔습니다. 그 결과 1,500톤급 독일형 잠수함 3척의 사업비가 1조 5천억 원이었는데, 1,800톤급 3척의 사업비가 9,500억 원이 되었습니다. 더 큰 잠수함 3척을 5,500억 원이나 싸게 건조한 것입니다.

제가 구태여 '자기 자랑으로 비칠 수 있는 경력'의 일부를 말씀드리는 것은 이 정도의 재목(Caliber)이니까 그 방대한 수사기록, 위험한 수사기록을 정복할 결심을 할 수 있었다는 점을 이해시키고 싶어서입니다. 5·18 연구는 개나 소나 할 수 있는 영역이 아니라는 점을 어필하고, 아울러 광주법관들이 몰아붙이듯, 어느 한 소영웅심을 가진 박사 나부랭이가 희떱게 한번 써 본 책이 아니라는 점을 어필하고 싶어서입니다. 이러한 캐리어를 가진 공적 존재가 단지 5·18을 연구했다는 이유 하나로 이 나라의 대표적인 극우 또라이로 조롱당하고 있는 것입니다.

5·18역사의 갈릴레이

사람들은 말합니다. "전두환 대통령 시대의 정보기관이 가장 방대했다. 그때에도 눈치채지 못한 북한군 개입을 40여 년이 지난 지금, 단 한 사람의 자연인이 무슨 수로 새로운 정보를 찾아낼 수 있겠느냐?" 이 말속에는 제 능력과 경력을 은근히 무시하는 정서가 들어있습니다. 법관들도 예외는 아닐 것입니다. 하지만 학문적 진실은 수억만의 상식인들이 찾아내는 것이 아니라 단 한 사람의 과학자가 찾아냅니다. 수억만 명의 인구가 지구를 거쳐 갔지만 오로지 1600년대의 뉴턴만이 사과 떨어지는 것을 보고 만유인력의 법칙을 발견했습니다. 중력의 초당 가속도 980cm라는 사실도 찾아냈습니다. 그는 또 하얗게만 보이는 햇빛이 '보남파초노주빨'이라는 7색으로 구성돼 있다는 사실을 밝혀냈습니다. 이처럼 늘 새로운 것은 다수가 발견하는 것이 아니라 과학자 한 사람이 발견합니다. 천동설이 상식이었던 시대에 지동설을 발견해낸 존재도 수억만의 다수가 아니라 갈릴레이라는 한 사람의 과학자였습니다. 하지만 지금 대한민국은 철기시대의 아프리카 종족처럼 자기들과 닮지 않은 사람을 교수목에 매달기부터 합니다. 중세의 종교권력이 지동설을 발견한 갈릴레이를 탄압했던 것처럼 새로운 발견을 탄압하고 있습니다.

5·18이 생존의 복음이라는 사실 인식하길

기독교계의 고전소설 [예수라면 어떻게 할 것인가?](In his steps), 찰스 M 쉘돈이 1876년에 써서 3천만 부

이상이 팔렸다는 그 종교소설을 읽었습니다. 레이몬드시 제일교회 목사 헨리 맥스웰이 주도한 예수님 닮기 운동, 교인들 모두가 나서서 '지금 내가 하는 일을 만일 예수님이 하신다면 어떻게 하실까'를 자문해 가면서 각자가 예수님의 고통을 감수할 수 있는 위대한 일이 무엇인가를 찾아내 난관을 뚫고 나가는 과정들을 묘사한 소설입니다. 이 책을 접하시는 모든 분께서도 미국의 제일교회 교인들처럼 5·18 진실의 복음을 전파하시는 애국전사가 되어주시기를 간절히 소원합니다.

부 록

광주고등법원 판결문

광 주 고 등 법 원
제 1 민 사 부

판 결

사 건 2024나22299 손해배상(기)

원고, 피항소인

1. 재단법인 5·18기념재단 대표자 이사 원순석
2. 사단법인 5·18민주유공자유족회의 소송수계인 5·18민주유공자유족회 대표자 이사 양재혁
3. 사단법인 5·18구속부상자회의 소송수계인 518민주화운동공로자회 대표자 회장 윤남식
4. 사단법인 5·18민주화운동부상자회의 소송수계인 518민주화운동부상자회

원고 1 내지 4의 소재지 광주 서구 내방로 152(쌍촌

동) 대표자 이사 조규연

5. 박철

인천 남동구 논고개로

6. 박선재

나주시 나주천3길 7

7. 양홍범

전남 무안군 삼향읍

8. 망 김양래의 소송수계인

가. 김보숙

나. 김아람

다. 김신

원고 8의 가 내지 다의 주소 광주 북구

9. 망 채승석의 소송수계인

가. 채윤

광주 서구

원고들 소송대리인 변호사 최목

피고, 항소인 지만원

의왕시

소송대리인 법무법인 비트윈
담당변호사 구주와

제 1 심 판 결 광주지방법원 2024. 4. 18. 선고 2021가합51794 판결
변 론 종 결 2025. 9. 4.
판 결 선 고 2025. 10. 30.

주 문

1. 피고의 항소를 기각한다.
2. 항소비용은 피고가 부담한다.
3. 망 채승석의 소송수계인 원고 채윤, 채열의 소송수계로 인한 청구 변경에 따라 제1심판결 주문 제1의 나.항 중 망 채승석과 피고 사이의 부분을 다음과 같이 변경한다. 피고는 망 채승석의 소송수계인 원고 채윤, 채열에게 각 5,000,000원 및 이에 대하여 2020. 12. 12. 부터 다 갚는 날까지 연 12%의 비율로 계산한 돈을 지급하라.

청구취지 및 항소취지

1. 청구취지

❶ 피고는 원고들에게 이 판결에 첨부한 별지11 청구금액표의 '청구금액' 부분 기재 각 돈 및 위 각 돈에 대하여 이 사건 소장 부본 송달일 다음 날부터 다 갚는 날까지 연 12%의 비율로 계산한 돈을 지급하라.

❷ ㉮ 피고는 제1심판결 별지1 목록 기재 도서를 발행, 추가발행 또는 배포하거나 제1심판결 별지2 내지 9 목록 기재 각 도서내용과 동일한 내용을 인터넷에 게시하여서는 아니 되고, 제3자로 하여금 위 도서를 발행, 추가발행 또는 배포하게 하여서는 아니 된다. ㉯ 위 명령을 위반할 경우 피고는 원고들에게 위반행위 1회당 2,000,000원씩을 지급하라(망 채승석의 소송수계인 원고 채윤, 채열은 이 법원에서 소송수계에 따라 청구취지를 변경하였다).

2. 항소취지

제1심판결 중 피고 패소 부분을 취소하고, 그 부분에 해당하는 원고들의 청구를 모두 기각한다.

이 유

1. 제1심판결의 인용

이 법원이 이 사건에 관하여 적을 이유는 아래와 같이 고쳐 쓰거나 추가하고 피고가 이 법원에서 추가하거나 강조하는 주장에 관하여 아래 제2항과 같이 추가로 판단하는 외에는 제1심판결 이유 기재와 같으므로, 민사소송법 제420조 본문에 의하여 약어와 별지를 포함하여 이를 그대로 인용한다.

○ 제1심판결 제4쪽 끝3행 이하의 “원고 채승석”을 “망 채승석”으로, “김양래”를 “망 김양래”로 일괄하여 고쳐 쓴다.

○ 제1심판결 제4쪽 끝2행의 “이 사건 소를”부터 제5쪽 제2행의 “수계하였다.”까지를 아래와 같이 고쳐 쓴다. 『망 김양래는 제1심 소송계속 중이던 2023. 9. 8. 사망하여 그 배우자인 망 김양래의 소송수계인 원고 김보숙이 3/7, 자녀인 망 김양래의 소송수계인 원고 김아람, 김신이 각 2/7의 비율로 망 김양래의 재산을 상속하였고(이하 편의상 ‘망 김양래의 소송수계인’ 기재는 생략하고, 위 원고들을 합하여 ‘원고 김보숙 등’

이라 한다), 원고 김보숙 등은 제1심에서 망 김양래의 소송을 수계하였다. 망 채승석은 제1심 소송계속 중이던 2021. 3. 29. 사망하여 그 자녀인 망 채승석의 소송수계인 원고 채윤, 채열이 각 1/2의 비율로 망 채승석의 재산을 상속하였고(이하 편의상 '망 채승석의 소송수계인' 기재는 생략한다), 이 법원에서 원고 채윤, 채열은 망 채승석의 소송을 수계하였다.』

○ 제1심판결 제20쪽 제10행의 "정한다." 다음에 아래의 내용을 추가한다.

『다만 망 채승석이 이 사건 소송계속 중인 2021. 3. 29. 사망하였으므로, 망 채승석의 상속인이자 소송수계인인 원고 채윤, 채열이 망 채승석의 위자료 채권을 승계한다. 이를 원고 채윤, 채열의 상속비율에 따라 계산하면 원고 채윤, 채열이 지급받을 위자료는 각 5,000,000원(10,000,000원 × 1/2)이 된다.』

○ 제1심판결 제20쪽 끝3행의 "원고 박철"부터 제21쪽 제3행의 "의무가 있다."까지를 아래와 같이 고쳐 쓴다. 『원고 박철, 박선재, 양홍범에게 각 10,000,000원, 원고 김보숙에게 4,285,714원, 원고 김아람, 김신에

게 각 2,857,142원, 원고 채윤, 채열에게 각 5,000,000원 및 위 각 돈에 대하여 피고가 이 사건 도서를 발간한 이후로서 원고들이 구하는 바에 따라 이 사건 소장 부본 송달일 다음 날인 2020. 12. 12.부터 다 갚는 날까지 소송촉진 등에 관한 특례법이 정한 연 12%의 비율로 계산한 지연손해금을 지급할 의무가 있다.』

2. 추가 판단

가. 피고의 주장

1) 이 사건 도서의 '북한군 개입'에 관한 표현의 내용이 허위라고 하더라도 원고 단체들은 그 표현으로 인한 명예훼손의 피해자가 될 수 없으므로, 원고 단체들은 피고를 상대로 위 명예훼손에 기한 손해배상을 구할 수 없다. 2) 피고가 이 사건 도서에서 사용한 '북한군 개입'에 관한 표현은 피고가 수집한 5·18민주화운동에 북한군이 개입한 관련 정황증거 전체에 흐르는 맥락에 관한 학자의 종합적 해석 내지 학술적 의견에 해당하는 것일 뿐 어떠한 사실의 적시가 아니고, 5·18민주화운동에 북한이 개입하였다고 증언한 여러 유력 인물들의 증언 등을 고려할 때 이 사건 도서의 내용은

모두 진실이기도 하므로, 위 표현과 관련하여 피고의 원고 단체들, 원고 박철, 박선재, 양홍범 및 망 김양래, 망 채승석(이하 합하여 '이 사건 피해자들'이라 한다)에 대한 명예훼손은 성립하지 않는다. 3) 설령 위 표현과 관련하여 피고의 이 사건 피해자들에 대한 명예훼손이 성립한다고 하더라도, 이 사건 도서는 5·18민주화운동에 북한군이 개입한 관련 정황증거를 모으고 그 집합된 증거들에 관한 학자로서의 해석을 기록한 학술서적이므로, 이 사건 도서의 저술·발간은 정당한 학문적 활동에 해당하여 그 위법성이 조각된다. 피고는 이 법원에서 이와 같은 주장을 명시적으로 주장하지는 아니하였으나, 피고 주장의 전체적인 취지 및 맥락을 고려하여 이 주장을 한 것으로 선해한다.

3. 판단

가. 원고 단체들의 피해자 지위 인정 여부

1) 관련 법리

법인 제도의 목적과 사회적 기능에 비추어 볼 때 법인은 성질에 반하지 않는 범위 내에서 인격권의 한 내용인 사회적 신용이나 명예 등의 주체가 될 수 있다. 민법 제751조 제1항은 "타인의 신체, 자유 또는 명예를 해하거나 기타 정신상 고통을 가한 자는 재산 이외의 손해에 대하여도 배상할 책임이 있다."라고 정하고, 제764조는 "타인의 명예를 훼손한 자에 대하여는 법원은 피해자의 청구에 의하여 손해배상에 갈음하거나 손해배상과 함께 명예회복에 적당한 처분을 명할 수 있다."라고 정하는데, 여기에서 '명예'란 사람의 품성, 덕행, 명성, 신용 등 세상으로부터 받는 객관적인 평가를 말하고 법인의 경우 그 사회적 명성, 신용을 가리키며 명예를 훼손한다는 것은 그 사회적 평가를 침해하는 것을 말한다. 법인은 법률의 규정에 좇아 정관으로 정한 목적의 범위 내에서 권리와 의무의 주체가 되므로(민법 제34조), 법인의 목적사업 수행에 영향을 미칠 정도로 법인의 사회적 명성, 신용을 훼손하여 법인의 사회적 평가가 침해된 경우에는 그 법인에 대하여 불법행위를 구성한다고 할 것이다(대법원 2022. 10. 14. 선고 2021다250735 판결 등 참조).

2) 구체적 판단

위와 같은 법리에 비추어 살피건대, 앞서 인정한 사

실, 거시 증거, 갑 제19호증의 기재, 변론 전체의 취지를 종합하여 인정할 수 있는 다음과 같은 사실 또는 사정에 비추어 보면, 원고 단체들은 이 사건 도서의 출간으로 인한 명예훼손의 피해자 지위에 있음이 인정된다. 따라서 이와 다른 전제에 선 피고의 이 부분 주장은 받아들이지 않는다.

가) 원고 단체들은 5·18민주유공자예우 및 단체설립에 관한 법률(이하 '5·18유공자법'이라 한다) 제55조에 그 설립 근거를 두고 있는 법인이므로, 인격권의 한 내용인 사회적 신용이나 명예 등의 주체가 될 수 있다. 원고 단체들의 정관 제3조에서는 '5·18민주화운동의 위대한 민주정신과 숭고한 대동정신을 기념하고 계승·선양하는 것을 원고 단체들의 설립 목적으로 정하고 있으므로, 5·18민주화운동에 관한 어떠한 사실을 적시하는 경우 그 자체로 원고 단체들의 존립 의의, 사회적 명성 및 신용에 직접적인 영향을 준다고 볼 수 있고, 그 표현에서 원고 단체들이 직접적으로 언급되지 않았다거나 원고 단체들이 5·18민주화운동 이후 설립되었다고 하더라도 마찬가지이다.

나) 5·18유공자법 제64조 제1항 제3호에서는 원고 단체들이 행하는 사업 중 하나로 5·18민주유공자의 명예 선양 및 추모사업을 명시하고 있고, 원고 단체들의 정관 제4조 제1항 제1, 2호에서도 5·18민주화운동 진상규명 및 명예회복 사업, 정신계승 및 선양사업을 원고 단체들이 수행하는 사업 중 하나로 정하고 있으므로, 그 각 규정에 비추어 보더라도 원고 단체들은 5 · 18민주화운동 정신을 기념하고 계승 · 선양하기 위한 사업을 그 목적사업으로 하는 법인임이 명백하고, 5 · 18민주화운동에 관한 어떠한 허위사실을 적시하는 경우 원고 단체들의 위 목적사업 수행에 영향을 미칠 정도로 그 존립 의의, 사회적 명성 및 신용이 침해된다고 봄이 타당하다.

다) 피고가 이 부분 주장을 뒷받침하기 위하여 들고 있는 대법원 2000. 10. 10. 선고 99도5407 판결, 대법원 2003. 9. 2. 선고 2002다63558 판결은 어떠한 집합적 명사를 사용한 경우 그 표현에 의하여 '개별 구성원'에 관한 명예훼손이 성립할 수 있는지 여부에 관한 사안으로, 어떠한 집합적 명사를 사용하더라도 그 표

현이 집단 내에 개별구성원을 지칭하는 것이 명백할 경우 위 표현으로 인하여 위 '개별 구성원'에 대한 명예훼손이 성립할 수 있다는 취지이다. 그런데 이 사건에서 문제되는 것은 집합적 명사를 사용한 경우 그 표현에 의하여 '당해 집단'에 대한 명예훼손이 성립할 수 있는지 여부이므로, 이 사건은 위 판례의 사안과 사실관계 및 쟁점을 달리하여 원용될 수 없다.

라) 피고는 대법원 2010. 4. 15. 선고 2009다97840 판결, 대법원 2012. 12. 27. 선고 2012도10670 판결로 5·18민주화운동 관련 단체는 '북한군 개입'에 관한 표현의 피해자가 될 수 없음이 확인되었다고도 주장한다. 그러나 위 각 판결은 '북한군 개입' 을 주장하는 과정에서 '5·18민주화운동 참가자들'을 언급한 표현에 관하여 5·18민주화운동 관련 단체가 아니라 5·18민주화운동 '참가자 개인'을 피해자로 한 명예훼손이 성립할 수 있는지 여부에 관한 사안으로, 위 표현이 '참가자 개인'을 지목한 것에 이르렀다고 볼 수는 없다는 이유로 '참가자 개인'에 대한 명예훼손의 성립이 부정된 것에 불과하고, '5·18민주화운동 관련 단체'에 대한 명

예훼손 성립 여부와는 관련이 없다.

나. 명예훼손 성립 여부

1) 구체적 사실의 적시인지 여부

가) 관련 법리

(1) 민법상 불법행위가 되는 명예훼손이란 공연히 사실을 적시함으로써 사람의 품성, 덕행, 명성, 신용 등 인격적 가치에 대하여 사회적으로 받는 객관적인 평가를 침해하는 행위를 말한다. 타인의 사회적 평가를 침해할 가능성이 있을 정도로 구체성이 있는 사실을 명시적으로 적시한 표현행위가 명예훼손이 될 수 있음은 물론이지만, 의견 내지 논평을 표명하는 형식의 표현행위라 하더라도 그 전체적 취지에 비추어 의견의 근거가 되는 숨겨진 기초 사실에 대한 주장이 묵시적으로 포함되어 있는 데다가 그 사실이 타인의 사회적 평가를 침해할 수 있다면 명예훼손에 해당할 수 있고, 일정한 의견을 표명하면서 그 의견의 기초가 되는 사실을 따로 밝히고 있는 표현행위의 경우에도 적시된 기초 사실만으로 타인의 사회적 평가가 침해될 수 있는

때에는 명예훼손이 될 수 있다(대법원 2015. 9. 10. 선고 2013다26432 판결 등 참조).

(2) 어떤 표현이 사실의 적시인지 의견의 진술인지를 가리기 위해서는 표현의
문언과 함께 표현이 포함된 글 전체의 취지, 배경이 된 사회적 흐름과의 연관 하에서 표현이 갖는 의미를 살펴 판단하여야 하고 또한 표현의 진위를 결정하는 것이 가능한지 여부도 살펴보아야 한다(대법원 2002. 12. 24. 선고 2000다14613 판결, 대법원 2018. 10. 30. 선고 2014다61654 전원합의체 판결 등 참조).

나) 구체적 판단

(1) 이 사건 도서의 주된 취지는 '5·18민주화운동은 북한군 특수부대원에 의해 주도된 국가반란 또는 폭동에 불과하여 민주화운동으로서의 실체가 없다.'는 데 있고, 그 취지에는 이른바 '북한군 개입설'을 주장하는 피고의 주관적인 의견이 포함되어 있는 측면이 없지는 않아 보인다.

(2) 그러나 앞서 인정한 사실, 거시 증거, 변론 전체의

취지를 종합하여 인정할 수 있는 다음과 같은 사실 및 사정에 비추어 보면, 이 사건 도서의 내용 중 제1심판결 별지2 내지 9 기재 각 표현(이하 합하여 '이 사건 각 표현'이라 한다)은 피고가 주장하는 '북한군 개입설'의 근거가 되는 기초 사실을 밝히고 있거나 그에 관한 묵시적 주장이 포함된 표현행위에 해당한다고 보아야 한다. 따라서 이와 다른 전제에 서 있는 피고의 이 부분 주장은 받아들이지 않는다.

(가) 피고가 주장하는 '북한군 개입설'은 5·18민주화운동에 북한군 특수부대원이 개입하였음을 전제하고 있고, 이 사건 각 표현은 5·18민주화운동의 경위 및 전개과정에 관하여 '1979년 10·26 사태가 발생하자 김일성의 명령에 따라 북한군 특수부대원 600명이 광주에 침투하였고, 위와 같이 잠입한 북한군이 1980. 5. 18. 전남대학교 학생으로 위장하여 시위를 시작하였으며, 김대중 등과 함께 광주에서 폭동을 일으켜 대한민국 군인을 공격하거나 광주교도소 등 주요시설을 습격하였다.'는 취지로 설명하고 있는데, 위 각 사항은 증거에 의하여 증명이 가능한 역사적 사실에 해당한다.

(나) 피고 스스로도 이 부분 주장에 관하여 "피고가 5·18민주화운동이 북한의 소행이라고 표현하는 것은 이 사건 도서에 열거되어 있는 사실들이 풍기는 메시지를 활자로 표현한 것이다."라는 취지의 입장을 밝히고 있는데[(2025. 6. 25. 자 준비서면 5쪽(전자기록뷰어 기준)], 위 입장의 취지는 이 사건 도서에 5·18민주화운동의 경위 및 전개 과정에 관한 사실을 열거한 후 그 사실을 토대로 5·18민주화운동에 북한군 특수부대원이 개입하였다는 주장을 개진하였다는 것이므로, 그 입장만을 놓고 보더라도 이 사건 각 표현이 사실의 적시가 완전히 배제된 의견의 표명이나 논평으로 보기 어렵다.

(다) 이 사건 각 표현 중에는 "5월 21일 오후 북한으로부터 계속 무전이 날아왔다. 광주교도소 수용자들을 해방시켜 폭동의 동력으로 사용하라는 다급한 지시였다.", "북한특수군 600명은 김일성의 지령을 받아 5월 21일 밤중에 무리하게도 광주교도소를 5회씩이나 공격했다."는 등 사실을 적시하는 형식으로 이루어진 표현들이 있을 뿐만 아니라, "광주폭동의 주동자들이 북

한특수군이라는 확신을 갖게 한다.", "5·18은 북한특수군 600명이 주도한 게릴라전이었고, 광주 시위대를 구성한 사람도 지휘한 사람도 남한에는 없다는 것이다."는 등 사실관계에 관한 주장이 다수 포함되어 있다.

(라) 피고는 5·18민주화운동 당시 현장에서 촬영된 원고 박철, 박선재, 양홍범 및 망 채승석을 비롯한 참가자들의 사진을 북한군 고위관료의 사진과 나란히 게재하면서 위 참가자들이 북한군 특수부대원(광수)이라는 취지로 설명하면서 "원고 김양래가 전라도 각 지역에 흩어져 사는 사람들에게 '광수' 사진을 보여주면서 '이 광수 얼굴이 당신 얼굴이라고 우겨라.'라고 선동했고, 원고 재단법인 5·18기념재단의 주도 아래 사기 소송을 제기했다."는 취지로 서술하였는바, 위 표현에는 '5·18민주화운동 참가자들이 북한군 특수부대원이다.'라는 사실관계에 관한 주장이 내포되어 있다.

(마) 뒤에서 보는 바와 같이 피고가 석·박사 학위를 소지하고 있고 국가안보정책연구소 자문위원 등으로 활동해온 점은 인정되나, 이 사건 도서의 내용과 구성, 표현의 정도, 출간 경위 등에 비추어 보면 이 사건 도

서가 피고의 어떠한 전문적 지식에 기초한 학술적 연구활동의 결과라거나 통상적인 학술적 표현행위의 범주 내에 있다고 보기 어렵고, 앞서 본 피고의 주장들 또한 학문적 의견의 표명이라기보다는 어떠한 사실관계에 관한 주장 및 그 사실관계를 근거로 한 주장이라고 봄이 타당하다.

2) 허위사실인지 여부

제1심이 이 부분에 관하여 설시한 사정들에다가 앞서 인정한 사실, 거시 증거, 갑 제20호증의 기재에 변론 전체의 취지를 종합하여 인정할 수 있는 다음과 같은 사실 또는 사정에 비추어 보면, 이 사건 각 표현이 모두 허위임을 충분히 인정할 수 있다. 따라서 피고의 이 부분 주장도 받아들이지 않는다. 가) 다음과 같은 사정에 비추어 보면, 피고가 들고 있는 5·18민주화운동에 관한 여러 인물들의 언론 인터뷰 내용(을 제69 내지 74호증)은 피고가 앞서 본 바와 같이 이 사건 각 표현을 통하여 설명하는 5·18민주화운동의 경위 및 전개과정이 진실함을 뒷받침하는 근거가 될 수는 없다.

(1) 1994년부터 1997년까지 국가안전기획부장으로

재직한 권영해는 언론 인터뷰에서 "국가안전기획부장으로 재직할 당시 북한이 5·18민주화운동에 개입하였음을 확인하였다."는 취지로 발언하였으나, 그러면서도 "구체적인 확인 시기 및 방법, 정보는 확인해줄 수 없다."는 입장을 밝히는 등 위 인터뷰 내용을 모두 살펴보아도 5·18민주화운동에 북한군이 개입하였음을 뒷받침하는 구체적인 근거나 객관적인 정황은 확인할 수 없다. 권영해는 "어떻게 민주화운동을 한다는 시민들이 20사단 지휘부 차량을 공격하고, 아시아자동차 공장을 습격할 수 있겠는가?"라는 등 피고의 '20사단 및 아시아자동차 차량 피탈' 주장과 동일하게 막연한 의문을 제기하였던 것에 불과하다. 주된 논거로 제시된 아시아자동차 공장에 있었던 장갑차 운전과 관련하여서도 위 장갑차는 군인이 아니더라도 운전면허가 있는 사람이면 약간의 연습만으로 조종이 가능하다는 점이 확인된 점까지 고려하면, 위 인터뷰 내용은 쉽사리 납득하기 어렵다. (2) 또한 권영해는 위 언론 인터뷰에서 5·18민주화운동에의 북한군 개입에 관한 자료조사를 지시하게 된 계기에 관하여 "북한 교과서에 '5·18

민주화운동은 우리가 했다.'는 취지의 서술이 수두룩하여 무언가가 숨어 있다고 판단했다."는 취지로 설명하고 있는데, 이는 북한 교과서에 5·18민주화운동이 김일성 지휘에 따른 것이라고 나와 있다는 피고의 주장과 유사하다. 그러나 5·18민주화운동 진상규명조사위원회의 조사 결과 북한 교과서에 '김일성이 5·18민주화운동을 지휘했다.'는 내용은 발견되지 않은데다가, 피고가 '북한 교과서 대해부(서옥식 저)'라는 서적 중 북한 교과서에서 왜곡하고 있는 5·18민주화운동 관련 내용만 발췌하여 위 주장의 근거로 삼고 있는 것에 불과해 보이는 점까지 고려하면, 권영해의 위 인터뷰 내용을 더욱 믿기 어렵다.

(3) 김경재 한국자유총연맹 전 총재는 언론 인터뷰에서 "1999년 김대중 정부 대북 특사로 북한을 방문했을 당시 애국열사릉에 5·18 가담 북 특수공작원묘역이 조성되어 있는 것을 직접 목격하였다."는 취지의 발언을 하였다. 그러나 김경재는 5·18민주화운동 진상규명조사위원회의 전화조사에서 "열사릉 한쪽 코너에 10여 기 묘비에 광주 어쩌고 써 있는 것을 보았는데, 당시 보았

던 묘비의 숫자가 적어 북한군이 광주에 침투했다는 증거로 보기는 어렵고, 5·18에 관계된 고정간첩의 묘로 보인다."는 취지로 진술한 점을 고려하면, 위 인터뷰 내용을 근거로 5·18민주화운동 당시 북한의 소규모 공작원 또는 고정간첩이 활동하였을 가능성이 있다고 볼 수는 있으나, 피고가 주장하는 규모와 같은 북한특수군 부대가 개입하다고 인정하기는 어려워 보인다.

(4) 피고는 황장엽 전 북한노동당 비서가 언론 인터뷰에서 5·18민주화운동에 북한군이 개입하였다는 취지의 발언을 하였다고 주장한다. 그러나 황장엽은 위 언론 인터뷰에서 "북한에서는 남한에서의 모든 운동, 투쟁을 다 자신들이 지하조직을 통해서 지도한 것으로 주장한다."는 취지로 발언한 것에 불과한 등 피고와 같이 북한군이 5·18민주화운동에 개입하였다는 취지로 주장한 것은 아닌데다가, "북한이 (5·18민주화운동을) 조직한 증거는 없기 때문에 광주 문제에 관하여 우리(북한을 의미하는 것으로 보인다)는 공개적으로 말을 못한다."는 취지로 발언하기도 한 점까지 고려하면, 위 인터뷰 내용의 전체적인 취지는 '북한은 자신들이 5·18

민주화운동을 지도하였다고 주장한다.'는 것에 불과해 보이므로, 위 인터뷰 내용이 피고의 주장을 뒷받침할 수는 없다.

(5) 이정린 전 국방부 차관은 피고 소송대리인과의 인터뷰에서 "5·18민주화운동에 북한이 개입하였다."는 취지로 발언하였다(을 제73호증). 그러나 그 발언의 전체적인 취지 및 맥락에다가 이정린이 "(5·18민주화운동 당시) 이미 들어왔던 사람들과 한국에 있는 고정간첩들이 광주로 몰려갔을 가능성이 대단히 높다."는 취지로 발언하기도 한 점까지 고려하여 보면, 위 발언은 5·18민주화운동 당시 남한에 있던 소규모 공작원 및 고정간첩이 광주에서 활동하였을 가능성이 있다는 취지에 불과하다. 김태산 남북함께국민연합 대표의 "5·18민주화운동에 북한이 개입한 것은 사실이다."라는 취지의 발언 또한 직접 경험한 바를 토대로 한 것이 아닌 일방적인 주장에 불과해 보이므로, 위 각 발언 내용 또한 피고의 주장에 관한 근거가 되기는 어려워 보인다.

나) 다음과 같은 사정에 비추어 보면, 피고가 이 부분 주장을 뒷받침하기 위해 들고 있는 일명 '노숙자담요'

의 얼굴분석결과는 믿기 어려우므로, 이 사건 각 표현에서 '북한군 특수부대원(광수)'로 지목된 5·18민주화운동 당시 촬영된 사진 속 인물들이 북한군 고위관료들과 동일인이라는 피고의 주장은 받아들일 수 없다.

(1) 피고는 위 사진의 비교분석결과가 컴퓨터의 안면인식기술을 통하여 이루어졌고, 그 안면인식기술은 위 각 사진에 나타난 얼굴의 각 부위에 점을 찍은 후 이를 연결함으로써 형성되는 '기하학적 패턴'을 통하여 위 각 사진 속 인물들이 동일인임을 인식하는 것이라는 취지로 주장한다. 그러나 피고는 위 각 인물의 사진에 선을 그어 도형을 만든 후 그 도형이 유사한 모양을 가지고 있음을 근거로 위 각 인물이 동일하다고 주장하는 것에 불과하고, 피고가 주장하는 위 '기하학적 패턴'에 관한 과학적인 근거 및 내용을 알 수 있는 자료는 달리 없는 것으로 보인다.

(2) '노숙자담요'의 위 안면인식기술이 피고가 들고 있는 컴퓨터 과학자 '우드로 윌슨 블레드소'의 안면인식기술 또는 현재 통용되는 AI를 활용한 안면인식기술과 동일한 것이라는 점을 뒷받침하는 근거는 전혀 없다.

또한 피고가 위 각 사진을 병렬적으로 제시한 후 얼굴의 일부 지점이 유사해 보임을 근거로 그 각 인물이 동일하다고 주장하기도 하는 점에 비추어 보더라도, 위 사진의 비교분석결과가 위 각 인물이 동일인인지 여부에 관하여 과학적인 분석을 거친 것이라고 보기는 어렵다.

(3) 위 안면인식기술의 정확성을 인정하는 공신력 있는 기관은 찾을 수 없다. 오히려 우리나라에서 '얼굴 동일성 판독'에 관하여 권위 있는 기관이라고 할 수 있는 국립과학수사연구원은 당시 촬영된 사진의 화질이 낮은데다가 그 촬영 조건도 상이하여 위 각 인물이 동일인인지 여부를 판단하기 불가능하다거나, 판단할 수 있더라도 그 정확도가 현저히 낮다는 취지의 입장을 밝혔는바(을 제76호증), 그 취지에 비추어 보더라도 위 비교분석결과는 위 각 사진의 화질 및 촬영 각도와 조도, 피사체의 동작과 표정 및 크기 등의 변수를 고려하지 않은 비전문적인 결과라고 보일 뿐이다.

다. 위법성 조각 여부

1) 관련 법리

어떤 표현이 타인의 명예를 훼손하더라도 그 표현이 공공의 이해에 관한 사항으로서 '그 목적이 오로지 공공의 이익을 위한 것'일 때에는 그 내용이 '진실한 사실'이거나 행위자가 그것을 '진실이라고 믿을 상당한 이유'가 있는 경우에는 위법성이 없다. 또한 그 진실성이 증명되지 않더라도 행위자가 그것을 진실이라고 믿을 만한 상당한 이유가 있는 경우에는 위법성이 없다고 보아야 하나, 그 표현 내용이 진실이라고 믿을 만한 상당한 이유가 있는지의 여부는 적시된 사실의 내용, 진실이라고 믿게 된 근거나 자료의 확실성과 신빙성, 사실 확인의 용이성, 피해자의 피해정도 등 여러 사정을 종합하여 행위자가 적시 내용의 진위 여부를 확인하기 위하여 적절하고도 충분한 조사를 다하였는가, 그 진실성이 객관적이고도 합리적인 자료나 근거에 의하여 뒷받침되는가 하는 점에 비추어 판단하여야 한다(대법원 2008. 1. 24. 선고 2005다58823 판결 등 참조).

2) 구체적 판단

가) 위와 같은 법리에 비추어 살피건대, 이 사건 각 표현의 내용이 진실이라고 볼 수 없음은 앞서 자세히 살

펴본 바와 같다.

나) 나아가 앞서 인정한 사실, 거시 증거, 변론 전체의 취지를 종합하여 인정할 수 있는 다음과 같은 사실 또는 사정에 비추어 보면, 피고가 이 사건 각 표현의 내용이 진실이라고 믿을 만한 상당한 이유가 있었다고 보기도 어려우므로, 이 사건 각 표현에 위법성 조각사유가 있다고 볼 수 없다. 따라서 피고의 이 부분 주장은 나머지 점에 관하여 더 나아가 살펴볼 필요 없이 받아들이지 않는다.

(1) 피고가 미국 해군대학원(Naval Postgraduate School)에서 1975. 12. 17. 경영학 석사학위를, 1980. 9. 26. 철학 박사학위를 각 받았고, 그 이후 한국국방연구원 관리제도연구위원회 책임연구원, 동국대학교 경영대학원 강사, 한국외국어대학교 외국학종합연구센터 부설연구소 초빙연구원, 국가안보정책연구소 자문위원, 서울특별시 시정개혁위원회 위원 등으로 활동하기는 하였다(을 제63 내지 68호증). 그러나 피고가 이 사건 도서에서 주장하는 '북한군 개입설' 등 5·18민주화운동에 관한 내용이 피고의 위 학력 및 경력과 연관이 있음을 뒷받침하는 근거는 달리 없는 것으로 보이고, 이 사

건 각 표현의 구체적인 내용을 살펴보더라도 그 내용을 피고가 주장하는 바와 같이 어떠한 전문적인 군사 지식을 기초로 한 학술적 연구 결과라고는 도저히 보기 어렵다.

(2) 피고는 위 '북한군 개입설'을 주장하면서 '5·18 영상고발' 등 이 사건 도서와 유사한 내용의 도서를 출판하거나 인터넷 게시판에 이 사건 도서와 유사한 내용의 글을 게시하여 왔고, 그 도서 및 글과 관련하여 출판물에 의한 명예훼손죄 등으로 유죄판결을 받거나 원고 단체들 및 5·18민주화운동 참가자들로부터 명예훼손에 의한 손해배상청구를 당하였다. 위 각 사건에서 피고가 주장하는 '북한군 개입설' 및 5·18민주화운동의 경위 및 전개 과정은 모두 허위라는 사법적 판단이 내려졌는데, 그럼에도 피고는 위 주장의 진실성·타당성에 관하여 검증하지 아니한 채로 그 내용과 동일한 이사건 도서를 다시 출판하기에 이르렀고, 이 사건 도서에는 위 각 사건에 관여한 법관을 단순히 비난하기만 할 뿐 지적된 허위성에 관한 합리적인 반박은 달리 없다.

(3) 특히 피고가 위 주장을 뒷받침하기 위하여 들고

있는 핵심적 근거인 일명 '노숙자담요'의 사진 비교분석결과에 관하여도 위 각 사건에서 그 신빙성을 인정하기 어렵다는 취지로 판단되었다. 그럼에도 위 각 사건에 관한 판결이 확정된 이후 피고가 공신력 있는 기관에 위 사진 비교분석결과의 타당성을 검증하려는 노력을 하였음을 뒷받침하는 자료는 달리 없을 뿐만 아니라, 이 사건 도서를 통하여도 위 사진 비교분석결과에 관하여 피고가 앞서 발행한 도서나 게시한 글에서 하였던 주장과 동일한 내용의 주장을 재차 하는 것에 불과할 뿐 그 비교분석결과에 관한 근거를 보강하는 내용이나 위 각 사건의 판결에서 지적된 위 비교분석결과의 허위성에 관한 반박은 달리 발견되지 않는다. 이와 같은 측면에 비추어 보더라도 피고의 위 주장을 어떠한 학술적 연구의 과정에서 합리적인 검토 및 검증을 거친 결과물이라고는 보기 어렵다.

3. 결론

그렇다면 원고 단체들을 제외한 나머지 원고들의 청구는 이유 있어 이를 인용하여야 하고, 원고 단체들의 청구는 위 인정 범위 내에서 이유 있어 이를 인용하여야 하며, 그 나머지 청구는 이유 없어 이를 모두 기각하여야 한다. 이와 결론을 같이 하는 제1심판결은 정당하므로 피고의 항소는 이유 없어 이를 기각하되, 다만 이 법원에서 원고 채윤, 채열의 소송수계로 인한 청구 변경에 따라 제1심판결 주문 제1의 나.항 중 망 채승석과 피고 사이의 부분을 위와 같이 변경하기로 하여 주문과 같이 판결한다.

재판장 판사 이의영
판사 조수민
판사 정재우

별지11

청구금액표

순번	원고	청구금액(원)	비고
1	재단법인 5·18기념재단	20,000,000	
2	사단법인 5·18민주유공자유족회의 소송수계인 5·18민주유공자유족회	20,000,000	
3	사단법인 5·18구속부상자회의 소송수계인 518민주화운동공로자회	20,000,000	

4 사단법인 5·18민주화운동부상자회의
소송수계인 5·18민주화운동부상자회 20,000,000
5 박철 10,000,000
6 박선재 10,000,000
7 양홍범 10,000,000
8
가 망 김양래의 소송수계인 김보숙 4,285,714
망 김양래의 배우자(상속비율 3/7)
나 망 김양래의 소송수계인 김아람 2,857,142 망 김양래의 자녀 (상속비율 각 2/7) 다 망 김양래의 소송수계인 김신 2,857,142
9
가 망 채승석의 소송수계인 채윤 5,000,000 망 채승석의 자녀 (상속비율 각 1/2)
나 망 채승석의 소송수계인 채열 5,000,000
정본입니다.

2025. 10. 31.

광주고등법원

후원계좌

국민은행	437601-01-321295
농　　협	302-0537-6472-21
예 금 주	지 만 원(500만야전군)
전　　화	(02) 595-2563
팩　　스	(02) 595-2594
E-mail	jmw327@gmail.com